BASS RHAPSODIES

バス・ラプソディー 1970—1980's

［日本を彩ったルアーたちの物語］

三浦 修
Shu Miura

つり人社

日出る国のルアーフィッシング草創期

鮭鱒類が遊び相手だった1960年代

日本でルアーフィッシングが一般の人々に楽しまれるようになったのは1960年代。もちろん、それまでにも進駐米軍兵士等や一部の人々によって楽しまれてはいたのだが、現在のようにメディアをにぎわすことはなく、タックルもごく一部の釣具店でしか目にすることができなかった。

JLAA（日本擬似餌釣連盟）が発足したのも1969年。やがて全国に支部が生まれ、この遊びを楽しむ人々の姿が各地で見られるようになる。

しかし、日本に擬似餌釣りの文化がなかったかといえばそうではない。北海道の良助べラや、薩摩餌木、東京湾のカッタクリ、房州のカラーパイプなど、各地で育まれた実に趣のある釣りが存在した。南房総では、華やかなウエットスーツに身を包んだシーバスアングラーが登場する遥か昔から、カラーパイプを巧みに操り巨大なヒラスズキに挑んだ手練れ達がいたのである。現地の釣具店に誇らしげに掲げられている日焼けで黄変した魚拓を目にするたび、先人の情熱を感じずにはいられない。

ブラックバスを移入した赤星鉄馬さんは、薩摩餌木の研究者としても知られているが、彼のようなルアーやフライを熟知するコンプリートアングラーから見ても、日本の擬似餌文化は興味深いものだったのだろう。

とはいえ、それはどこまでも日本の風土に根ざした日本の釣り。西欧流のルアーフィッシングと同じ括りの中に入れてしまうのは少し抵抗があるし、育んできた先人にも申し訳ない気がする。魚を誘う原理や仕組みは酷似していても、その背景にある文化へ想いを馳せれば、やはり、似て非なるものだ。

さて、高度経済成長時代、アメリカ文化をシャワーのように浴びて西欧化していった私たちの生活に、ルアーフィッシングはぴったりとマッチした。リーバイスを履き、マクドナルドを頬張って、コーラを流し込むことを覚えた当時の日本人にとって、それはとても自然な成り行きだったのである。

あの頃、ルアーフィッシングは釣りの一分野でありながら、最先端のライフスタイルでもあった。それは、時代の変化に敏感な広告クリエーターやメディア業界の面々がパイオニアとなって牽引していたことからも窺える。

やがて、ルアーフィッシングを楽しむ人々が少しずつ増え、釣り場やテクニックの研究も進んでいくのだが、その主な対象は鮭鱒類だった。ＪＬＡＡ発足のきっかけが奥只見の銀山湖にあったことに象徴されるように、当時のアングラーの目は、脂ビレを持った魚たちに向けられていた。それは、各地に放流されたニジマスや渓流のイワナ、ヤマメだったが、ブルックトラウト、新顔のブラウントラウトや希少なレイクトラウトなどに手を伸ばす人々もあらわれた。

現在ではバスロッドの中心となっているガングリップのベイトキャスティングロッドでさえ、当時はウルトラライトアクションに仕立てられたものも多く、それらはクローズドフェイスリールを載せ、スピナーやスプーンと組み合わせてトラウトフィッシングに使われた。メーカーや輸入代理店が主催する販促イベントも鮭鱒類を対象としたものがほとんどだったのである。

やがてパイオニア達は、ハヤ、ウグイ、ハスなど温水性魚類や、ナマズ、ライギョ、そしてスズキやヒラメなどの海水魚を徐々にターゲットとして捉えていく。この釣りの持つ大きな可能性の扉が少しずつ開かれようとしていた。

現在、日本のルアーシーンの主役であるバスフィッシングが舞台の中心を飾るようになるのは１９７０年代半ば。トップウォーターという新たな切り口を得、ひとつの魚種というよりも、むしろ釣りの様式として広がっていく。それは、芦ノ湖や津久井湖、相模湖など数えるほどだったバス釣り場が、富士五湖、紀州のダム群、琵琶湖と各地に広がり始めた時期でもあった。

鮭鱒類からバスへ…。日本のルアーフィッシングの勢力図が大きく変わっていったのがまさにこの時代。そして1980年代半ば、バスのトーナメントが隆盛を見せ、日本のルアーフィッシングシーンは、大転換期を迎える。

数寄者たちの試行錯誤と歓び

誤解を恐れずに言えば、日本のルアーフィッシングシーンがもっとも刺激的だったのは、ある意味でこの1970年代半ばから1980年代だと思う。

それは懐古や追慕ではない。ファンの数も、シーンやマーケットの規模も、社会的な認知も、現在とは比べようもないが、海の向こうからやってきた新しい遊びをこの島国で味わうための様々な試行錯誤、模倣、挑戦が先達によって繰り返され、今では笑い話にしかならないような失敗が毎日のように起こっていたのである。

シーバスは夜しか釣れないと信じられ、ワームを食ったバスは巣穴まで持ち帰ると教えられた時代。時空を超える名作も多く登場した一方で、珍品、奇品も頻出した。

どう使ったらいいかも分からないまま輸入され、店頭に並べられてしまったり…本家を手本に国内で模倣してみたものの素材や製法の違いから性能が天と地ほど違ってしまったり…。

メーカーも、ショップも、アングラーもみんなが手探りの時代だったから、それも許され、受け止められたのだろう。挫折と成功、落胆と感動が隣り合わせだったけれども、誰もがこの遊びの魅力にとり憑かれ無我夢中になっていた時代。個性的なルアーたちが次々と登場し、アングラーたちの心を捉え、さまざまな物語を生んでいったのである。


この時代の魅力をひと言で表現するならこんな言葉になるような気がする。

「試行錯誤だからこその楽しさと興奮」

当時私は、駆け出しのひとりとして、幸運にもそんな先達の姿を間近に見ることができた。失敗や挫折は星の数ほどあったけれど、彼らは実に楽しそうで、幸せそうだった。

今回、その何コマかを紹介する機会を得られたことに心から感謝したい。

INDEX

◎装丁　神谷利男デザイン㈱
◎カバー・本文ルアー撮影　福原毅
◎写真協力　津留崎健・菅原純

EPISODE 01

国産の扉を開いたパイオニア

………フレクトライトミノー＆バルサミノー

ジャパンメイドのミノー

１９７０年代、ルアー界の巨人ラパラの名声とその圧倒的な実力は、日本でもすでに広く知られていた。定番ルアーとなってはいたけれど、子どもの小遣いで気軽に買える値段ではなかったし、根がかりやミスキャストが怖くて思いきりよく使える代物でもない。まさに高嶺の花である。

当時のヤングボーイにとって何よりの味方、頼りになる用心棒は、日本のメーカーによるミノープラグで、その代表格がフレクトライトミノーとバルサミノーだった。

手がけていたのは、それぞれオリムピックとダイワ精工。当時の日本の釣り具業界におけるリーディングカンパニーで、早くからルアー用のロッドやリール、タックルボックスなど、オリジナルの関連商品も手掛けていた。それらは当然、どこの釣具店でも入手できたし、輸入品に比べればはるかに安価だったから、少年達でも充分に手が届くものだったのである。

試行錯誤のプラスチックボディ

このふたつの看板ミノープラグの素性は大きく異なっている。オリムピックが合成樹脂製でリフレクトシート（反射板）を内蔵させていたのに対し、ダイワはラパラのようにバルサボディを採用していた。当然、キャスタビリティやアクション、強度などに差があり、子供ながらにああでもない、こうでもないと論を交わすことになる。

さて、これらのルアーには、それぞれ深く関わった名アングラーがいた。ひとりは井上博司さん。もうひとりは西山徹さんだ。

井上さんは1960年代から雑誌や新聞でこの遊びの楽しさを広く伝え、いち早く海外でのゲームも紹介してきた、まさにパイオニアのひとり。バスタックルの老舗、スミスが1980年に日本初のバスフィッシングセミナーを開校した際にも、初代のチーフインストラクターを務めている。

その井上さんがフレクトライトミノーの開発に関わっていたことを知ったのはちょっとした偶然だった。あるレジャー系専門学校の釣りに関する講座を担当していた時のこと。授業の合間、やはり講師を務めていた井上さんが控室に現れた。

福島のイワナ釣りから始まった休憩時間の釣り談義は、私があるショップで目にしたデッドストックのフレクトライトミノーの話に移っていった。すると、井上さんの声が少し高ぶった。

「それ、僕が関わっていたんだよ。興味があるなら、いちばん最初の試作モデルが家に残ってるはずだから今度送ってあげるよ。結構苦労したんだ。はじめはちょっとした具合で曲がったり、強度が足りなかったりして…」

数日後、届いた小箱に入っていたのは、あの見慣れたフレクトライトミノーのブランクボディ。リップもフックもなく、塗装も施されてはいない。井上さんの言葉通り、後ろ端が少し曲がり、内蔵された反射シートも歪んでしわが寄っている。

乳白色のフィルムケース2本にぎっしりと詰まったブラックアントパラシュートという渓流用のフライが同封されていたのには笑ってしまった。件のイワナ釣りで大活躍したという井上さん得意のパターンだったからである。

長時間の使用に耐える樹脂は何なのか…剥離しないコーティング塗料は?…太陽光を水中で美しく反射するシートは…。井上さんたちを悩ませたであろうそんな試行錯誤の過程が目の前にあった。同時期にオリムピックから発売されていたルアーには、インチピックやウイングルアー、スーパーデューパーなどがあって、どれもルアー少年の味方だったが、それぞれにこんなプロセスがあったのではないかと思いを巡らせてしまう。

今、私の手元に残っているフレクトライトミノーは15本ほど。6年ほど前、ある店で埃をかぶっていたのを引き取ってきたものだ。もちろん、ボディの歪みも、反射シートの乱れもなく、あの試作モデルの課題を克服して世に送り出された商品たちだ。小型のミノーから、シャッドのようなフラットサイドバージョン、ジョイントモデル、そしてメタルリッ

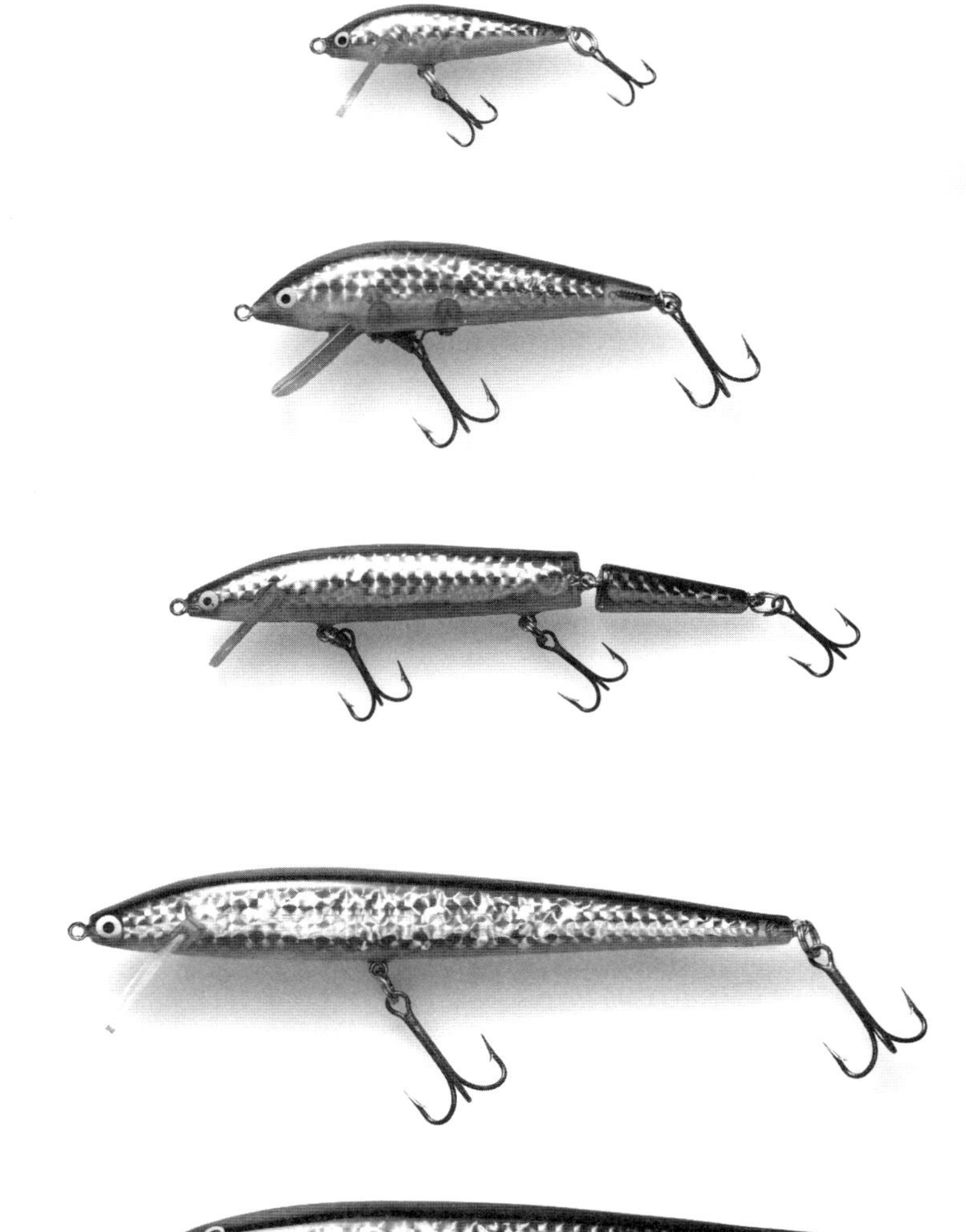

◎あらゆるシチュエーションに
対応できるラインナップが揃っていた

プの大型ディープダイバーまで、バラエティに富んだ渾身のラインナップである。

その身上である反射シートは朝夕のマヅメ時に強力なアピールをしたし、プラスチックボディであることから、障害物との接触に強くキャスタビリティも高かったため、シーバスの岸釣りに用いられることも多かった。

この頃のルアーの中には、8の字のフックハンガー付近が破損するものが少なくなかった。現在の国産ルアーではそういった問題もあまり聞かないが、あの時代のさまざまな試行錯誤がその礎になっているとすれば、井上さんから届いたブランクボディがとても愛しく思えてくるのである。

バルサミノーはまさにジャパニーズ・ラパラ

さて、もう一方のバルサミノーは、見てのとおりジャパニーズラパラ。名前が示すように材質はバルサ材で、フォルムも機能もラパラを強く意識していた。いや、コピーと言っても過言ではない。敢えて違いを見出そうとすれば、本家よりややボディが太め

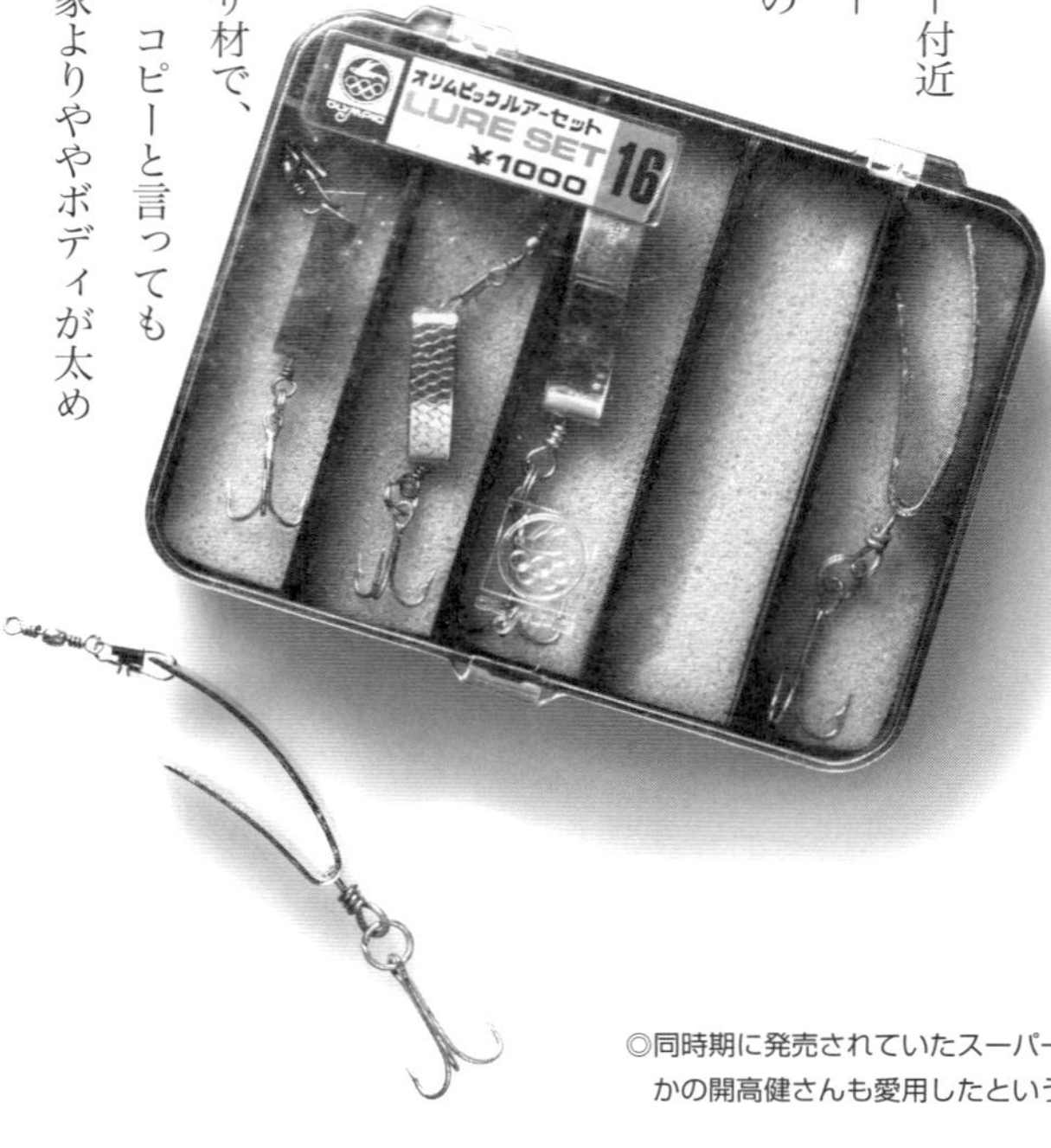

◎同時期に発売されていたスーパーデューパー。
かの開高健さんも愛用したという

ということだろうか。

ラパラに似たプラグが登場したのは日本に限ったことではなく、アメリカでもアメリカンラパラと呼ばれるミノーシェイプが雨後の筍のように現れていた。あのヘドンでさえ〝コブラ〟をリリースしたし、バンゴーもそのひとつ。現在に至るまでラパラの影響は計り知れない。それは、イギリスにおけるビートルズの登場が、アメリカにモンキーズを誕生させたのとよく似ている。

さて、このバルサミノーは当初、金黒や金赤、銀青などスタンダードなカラーのラインナップだったが、後にオリーブグリーンが加わった。シルバーボディにブラックの背。抹茶のような深い緑色がサイドボディに吹いてあって、それは一部で熱狂的な支持を得ることになる。値段が安いこともあって、私の周辺でも箱単位で買い求める者が続出。特に低水温期のバスに強烈な効果を見せた。

あれは琵琶湖へ出かけた時のことだったと思う。バスフライのパイオニアであった西山さんを琵琶湖に引っ張り出して、雑誌の表紙を撮影することになったのだ。

1日め、急激な水温低下を前にほぼ釣果なし。少し気落ちして戻った、奥琵琶湖菅浦の漁港前にたたずむ古い民宿「よしや」の夕餉は、琵琶湖の幸のオンパレー

◎やはりオリムピック製のウイングルアー

ドだった。湖北の清冽な湖水で育まれたコイの洗いは、各地の美味魚を知る西山さんも絶賛。「身の締まったヒラマサみたいだねぇ」と箸を進める。

そんな夕餉が進み、話題は、氏が開拓し提唱してきたウインターバッシングに移っていった。厳寒の湖底近くでゆっくりとルアーを泳がせるこの釣りではその消耗も激しい。そんな時、頼りになるルアーのひとつにバルサミノーのシンキングがあった。しかし、ウイークポイントも抱えていて、リップが折れやすく、ボディはしばらく使用していると浸水した。フローティングタイプでは大きな問題にならなかったが、シンキングではこの問題が露呈しやすかったのである。

「そうなんだよね。リップはポリカーボネイトにすれば強くなるんだけど、値段が上がっちゃうんだ。高くなったら買いにくくなっちゃうしね」と、西山さん。理想と現実の合間で苦悩するプランナーの姿がそこにあった。しかし、オリーブグリーンの話になると一転、顔をくしゃくしゃにした。

「あ、あれね。僕が頼んで作ってもらったの。冬のバスに効くでしょ？　いいんだよねぇ、あのカラー。でもそんなに出回ってないでしょう？　よく手に入れたね」

たしかに、湖面の凍る厳寒期の河口湖などで見せた圧倒的な効果とは裏腹に、その姿を店頭で見かけることは多くなかった。やはり氏の言葉どおり、限定モデルに近かったのか

◎今なお熱烈なファンを持つインチピック。
3cmほどの極小ジョイントプラグだ

もしれない。近年、アユカラーと称したルアーが海川問わず活躍し定番となっているが、このオリーブグリーンのバルサミノーは、追い星こそないもののほぼ同じコンセプト。アングラーとしての西山さんの卓越したセンスを感じざるを得ない。まさに時代を先取りした傑作だった。

しかし、当時すでに西山さんの手には、名プラグビルダー鮎川信昭さんの協力を得、彼のウインターバッシングの知識と技術のすべてを盛り込んで開発した「ミスタープロンソン」というシンキングジャークベイトがあったし、晩秋から初冬まではサスペンドRなどのクランクベイトを使った攻略も確立していた。…となると、バスにおいてこのオリーブグリーンの出番はそう多くなかったはずである。

晩年は、ルアーよりもフライに軸足を置いていた西山さんだが、ルアーフィッシングの様々な固定概念に挑んでおられたあの時代、これを何に使おうとしていたのか。何のためにあのカラーをオーダーしたのか…。

その後も尋ねてみたのだが、〝まぁ、いろいろ使えるよ…〟とはぐらかされてしまう。もちろん、冬のバスにも使ってはいたのだ

◎バルサミノー。上はフローティング、下はシンキング

ろうが、他に目的があって試している最中ではなかったか…。西山さんのことだから、その後、結果に結びついていたら、雑誌などでなにひとつ隠さず発表していたはずである。

そんな自分の下衆な勘ぐりを思い出す度、あの晩、コイや鰻をうまそうに頬ばっていた西山さんの笑顔が浮かんでくる。

生まれて初めてバスを釣ったルアーはバルサミノー…そんな少年たちがたくさんいたはずだ。彼らの多くはすでに四十路の半ば以上。釣りから離れてしまった方もいるだろう。でも、この素朴なジャパニーズラパラとのひとときは、胸の奥に深く刻み込まれているに違いないのである。

EPISODE 02

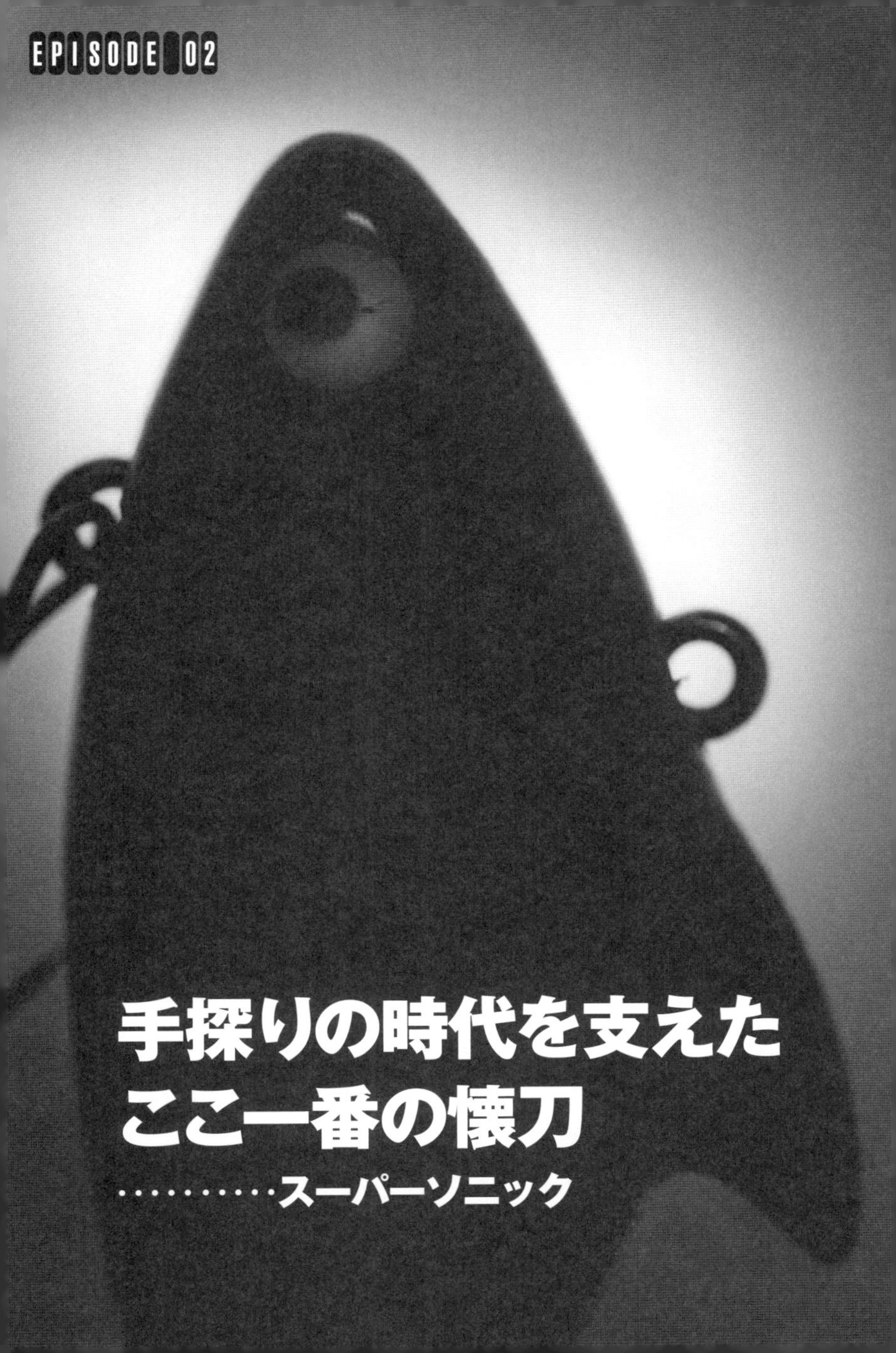

手探りの時代を支えたここ一番の懐刀

…………スーパーソニック

バスフィッシング創成期のシンショウガン

情報もツールも圧倒的に不足していた時代、あらゆることが試行錯誤の繰り返しだった。とはいえ、それが楽しかったのも事実だし、当時、なかなか釣れないブラックバスを追い続けるモチベーションの源はそこにあった。

しかし、すべてが手探りというのはよほどの強心者でなければ続くものではないから、細い糸のような情報や噂話、先人の教えにすがりつくことになる。

それが、〝あそこに行くなら絶対これをもっていけ…〟というやつ。言い伝えであったり、僅かな実績であったり。

とはいえ、雑誌の記事でさえバスはワームを食うと巣まで運ぶからどんどんラインを送り込んでやれ…と書いていた時代。そういったルアーは「定番」と言ってしまえばそれまでなのだが、あまりあてになる話でもなかった。先輩のアドバイスと言ったところで、彼自身たかが数年早い程度。関東では、最初の1尾を釣るまでに2、3年かかるのも珍しくなかった時代だから、何をか言わんやである。

もちろん、今だって定番はあるけれど、選択肢となるルアーの種類も機能も比べ物にならないし、バスという生物に関する知識も、テクニックや情報もすさまじく増えているから、ずっと確かなものだ。まさに信ずる者は救われる…のである。

さて、そんな中で、ボート店や地元釣具店の話はもっとも頼りになる情報だった。たとえば、芦ノ湖。「イエローパーチのスーパーソニックを持ってないか…腹がスケルトンっぽいヤツな…」。元箱根の名手にして現漁協組合長の野崎茂則さんにそうアドバイスされたシニアアングラーは多いはずだ。津久井湖ならこうだった。クラブ前というバス停で降りると中村釣具店という古色蒼然とした店があって、おばちゃんが決まったように「ホッテンは持ってる？　ホッテンがなきゃだめだよ」と声をかける。それぞれ、岸から沖に向かって1～2mのシャローが伸びる芦ノ湖、水際から一気に落ち込んでいく津久井湖にマッチする理に叶ったセレクトではある。

たしかにそういったルアーを言われたとおりに使うと、反応があった。とにかく、バスが釣れない時代。結果として、タックルボックスの中では、雑誌などの影響で買い揃えたミーハーなルアーと、そんな頼りになるルアーが勢力を二分するのだった。

昭和の薫り漂う玩具のひとつにベーゴマがある。私の世代ですらそんなに親しみのある存在ではないから、若いアングラーには縁遠いものだろうけど、鉄のコマで勝負するこの遊びで、とっておきの切り札、ここぞという時に取り出す秘密兵器というのを、〝シンショウガン〟と呼ぶ。

芦ノ湖や相模湖などにしかバスのいなかった時代、まさにこういったルアーは、シンショウガンで、これで釣れなければ納得もいく…という存在だった。

ちなみにどんな使い方をしていたかといえば…。たとえばスーパーソニック。1970年代にバスの研究を手がけたサイエンティフィックアングラーのさきがけ、大島裕さんはこう語る。

「堅めのスピニングロッドでスーパーソニックを思い切り遠投。ロッドティップを水の中に突っ込んで、ルアーが飛び出してしまう限界ぎりぎりのハイスピードで巻いてやるんですよ。障害物に引っかかるかどうかくらいの場所をね…。津久井湖や相模湖の岩盤なら、そこに擦りつけるような感じで曳いてくる。それが一番効きました」

調査用のサンプルを獲るために釣りという手段を使っていた彼は、1日、2尾だの3尾では困るわけで、当時としては圧倒的な釣果をあげていた。小ぶりでありながら比重が大きく、キャスタビリティに優れるスーパーソニックは、こういった使い方をすれば、効率よく広範囲を探ることができたのである。もちろん、バイブレーションを起こす最低限のスピードで使うアングラーもいて、それはそれでバスを連れてきてくれた。

◎サイズ違いやファイヤーテールなど兄弟モデルも多かったスーパーソニック

芦ノ湖で繰り広げられた戦後の釣りシーン

さて、試行錯誤という話が出たところで、当時の釣りを取り巻く環境の話も少々。1925年に日本で最初のバス移入が行なわれたのが芦ノ湖であるのはご存じのとおりで、その釣りを楽しむ避暑客や、戦後には進駐軍兵士がやってきたことも周知のとおりである。そうだとすれば、この地では早くからバスフィッシングに対する深い理解やノウハウが蓄積していたのだろう…と、想像する方も多いのではないか。

しかし、事実は少し違っていたようで、バスフィッシング誕生の地においても、あの1970年代にはさまざまなトライ&エラーが繰り返されたことを、ある日、先達のひとりから聞くことになる。

その方は、大澤和行さん。シニアアングラーには、箱根のカリスマのひとりとして知られる名手だ。箱根七湯のひとつ、強羅で明治創業の老舗旅館を経営していた大澤さんは、箱根生まれの箱根育ちで、根っからの箱根っ子。子供の頃から釣りが大好きで芦ノ湖へ出かけては餌釣りでいろいろな魚を釣っていたが、ルアーを手にしたのは中学生の終わり頃、1962年だという。ちょうど半世紀前の話だ。

「九頭竜神社の桟橋で、しょっちゅうヤマベ等を釣っていたんですよ。当時の芦ノ湖はほかにヒメマスくらいでニジマスもいなかったと思います。ある日、目の前に伝馬船がやってきたんです。外人さんが立ったままアンダーハンドで何かを投げながら流してきて、私たちの足元に何かをポ～ンと落としたんですね。何してるんだろう？　と…」

それがルアーとの出会いだった。当時、大澤さんの叔父はアメリカの進駐軍に接収されていた強羅ホテルの支配人を務めており、そこには米軍の高級将校たちが避暑などで集まっていたという。〝東京アングリング・エンド・カンツリークラブ〞時代の中禅寺湖がそうだったように、そこでは夜毎にダンスパーティーが開かれ、酒を酌み交わす嬌声が響いていたはずだ。

「中には釣りとかハンティングが好きな人もいて、叔父は頼まれると釣りの案内などもしていたんですね。だから、家に行くとバンブーのベイトロッドなどもあって、ある時〝和行は釣りが好きだから…〞と、将校たちが置いていったスピニングロッドやリールと、ルアーを5、6個くれたんです」

大澤さんによれば、1960年前後、芦ノ湖で釣りをしていてもルアーをキャストする日本人の姿は皆無だったという。地元の子供で毎日のように湖畔へ通っていた彼でさえこう言うのだから、進駐軍の兵士たちが祖国を想いながら舟を進めていた時代、芦ノ湖を訪ねる日本人のバスアングラー、いやルアーアングラーは稀有な存在だったことになる。

大澤さんが最初にバスを手にしたのは3年目、1965年のことだ。やはり、行きつけ

◎50 年前、大澤和行さんが最初に手に入れたのは、クリークチャブなど、米軍の将校たちが残していったルアーだった（上）
やはりここでもスーパーソニックは切り札だった。色を変え、穴を開け…（下）

の九頭竜神社付近での出来事だった。

「湖畔の樹の下に魚がいるのを見つけたんです。40㎝近いバスでしたが、なんとか木に登って、枝の上からルアーを垂らしてみました。下まで沈めて水面に向けて引き上げてきたら、下からバスが食ってきたんですね」

それまで、道具とルアーは手にしたものの、どこでどうやったらいいか分からず、暗闇を手探りするようだった大澤さんの心がスーッと晴れていったという。

「やっぱり、ルアーって引っかけて釣るんじゃなくて、魚のほうから食いつくんだと確信できたんです。ルアー釣りが納得できたインパクトは大きかったですね」

ちなみに大澤さんもスーパーソニックの信奉者。その手元には、ボディーに穴を開けたり、ドット柄に塗り替えたりと、カスタマイズされた歴戦の勇士が残っている。

芦ノ湖でさえ手探りだった

1970年代に入り芦ノ湖は、未曾有のルアーブーム、そしてバスブームを迎えることになる。湖には、ルアーロッドとタックルボックスを抱えた若いアングラーが詰めかけた。しかし、意外なことに多くのボート店はその対応に戸惑っていたというのである。

「ルアーのお客さんとどう接していいか分からなかったんですよ。バスのルアー釣りというのがよく分かっていないお店もあったんです」

この言葉から、箱メガネを使った餌釣り（※1）とはいえ日本人有産階級の避暑客をバス釣りに案内したり、米兵とバスフィッシングに関するキャッチボールをしていたのは湖畔でもごく一部の人々だったことが推測できる。

「観光ボートやってた店は、アンカーもなかったしねぇ」と、野崎さんも振り返る。

ブラックバスが生息していること。それがアメリカから来た魚で日本では珍しいこと。そういった断片的な情報は湖畔で共有されていただろうが、それを釣るということ…それもルアーを使って楽しむということに関しては、あの芦ノ湖でさえ、ボート店の経営者たちでさえ、詳しくは知らない者がいたという事実。急増するルアーアングラーから飛んでくる専門用語、カタカナの商品名は、彼らを戸惑わせたに違いない。

「同じ頃、私たちのような芦ノ湖の愛好者が集まって〝芦ノ湖ルアーフィッシングクラブ〟を結成したんですね。私の義兄が会長、私は副会長兼事務局長でした」

そこには、後に日本のゲームフィッシングをリードしていくオピニオンリーダーたちも名を連ねていた。現ＪＢＴＡ常任理事で、日本初のバスフィッシングセミナーの産みの親となった若林務さんもそのひとり。高い志を持つパイオニアたちが集っていたわけだ。

とはいえ、大澤さんも今のようなバスフィッシングを展開していたわけではないという。

※1
当時、芦ノ湖では船頭が箱メガネで魚を見つけ、客に釣らせていた

「釣りは、しょっちゅうやっていましたからね。バスの居場所は分かっているわけです。湖尻から樹木園、亀ヶ崎、三本杉のあたりまでは、昨日までどことどこにバスがいたかって…。湖に通い込むと、魚の存在をなんとなく雰囲気で感じられるようになるんですね。でも、当時は、沖目の深場にスクーリングしているバスを追いかけるとか、そういう意識はなかったですからね。いい時期に岸辺の障害物に出てきているバスをトップウォータープラグで釣るっていうスリリングな世界が中心でした。そのうち、スピナーベイトを使うようになったら、芦ノ湖にこんなにバスがいたのか、っていうくらい釣れましたよ（笑）」

実はこのクラブ、愛好者の親睦や情報交換のほかに、もうひとつの大切な役割を担っていた。

「漁協やボート店がルアーファンへの対応に苦労していましたので、僕達がそのサポートをすることになったんです」

昔の写真を引き出してみると、たしかに芦ノ湖のイベントのあちらこちらに彼らの姿がある。つまり、湖の管理者とアングラーが手をとりあって、ルアーフィッシングの扉を少しずつ開いていった時代なのである。

◎ラトル全盛時代、スーパーソニックにも
ラトルモデルは存在したが、
ラトルトラップの人気が高かった

大人の釣り場への変革

こういった試行錯誤を経て、芦ノ湖は現在、日本で最も進んだシステムを持ち、管理の行き届いたゲームフィッシングの舞台となった。とはいえ、世界一の大都市からわずか1時間強の地にあって、環境を維持し、初心者からベテランまで幅広い釣り客を迎え入れるのは生半可なことではない。そのため芦之湖漁協では早くから水産学の専門家を事務局に迎え、さまざまな調査研究を進めてきた。

毎年10月に宮内庁へ届けられることから献上ワカサギの名がついたこの地のワカサギも、早くからゲームフィッシュを育む餌料生物というもうひとつの役割を与えられ、大量に放流されてきた。そこには「芦ノ湖方式」と呼ばれ近年全国に広がりつつある、独自の高効率なワカサギ孵化技術の存在が大きいが、そんな研究開発まで手がけてきたのである。

ゲームフィッシュ自体も、放流を含めた管理のノウハウが試行錯誤されてきた。広大な禁漁区の設定、体長制限、成魚放流と稚魚放流のバランスからはじめ、いち早く導入されたブラウントラウトなど人気魚種への対応まで、実にきめ細やかな対策がとられている。バスに関しても積極的に保護増殖を進めてきた。近親交配の繰り返しで起こる質の低下を避けるために、1972年にツネミ・新東亜グループの協力によって行なわれた、ペンシルバニア州からの稚魚放流はその好例だ。

また、ルアーやフライで楽しむアングラーとエサ釣りファンの摩擦の対策や、資源維持のための釣法の検討など、私たちの非常に近い部分までそれは及んでいる。

早くから動力船への生分解性オイルの採用を決めたのも特筆に値する。また、周囲から流れ込む生活排水によって夏になると深層に無酸素層が現れ、鮭鱒類の生息が危ぶまれると、自治体と協力して湖畔の下水道普及を推し進めたのである。

そこにはふたりの職員の存在があった。橘川宗彦、栗本和彦の両氏は芦之湖漁協の両輪として湖の管理に尽力した。共に大学で水産学を修めた専門家。橘川さんは魚類学会などでも活躍する学究肌で、栗本さんは自らも腕利きの釣り人気質である。学会で論文を発表したり、いち早くバスボートを買って自慢する職員が管理しているわけだから、湖が面白くならないわけがない。残念ながらおふたりとも近年、相次いで世を去ったが、その功績は長く語り継がれるだろう。

しかし、何よりもそこには、あの激動の時代の経験が色濃く反映されているように思える。その時代、その時代の要請、ファンの声に応えるために何をすべきか…5年先、10年先を見越してどんな管理をしていくべきか…。それをどこよりも真剣に考えてきた湖なのである。

時には「デカい釣り堀」だの「雑巾マスばかり」だの、心ない言葉が投げかけられることもあったが、ルアーやフライの楽しみを知りたいと訪れる多くのビギナーに応えることも、都市近郊の釣り場として、ルアーフィッシングの草創期を支えてきた湖として、避けることのできない使命だと考えていたのだろう。

しかし近年、環境の整った大規模な管理釣り場が次々とオープンし、初心者がルアーで魚と遊ぶ…という目的だけなら、誰でも簡単に叶うようになった。そうなると、時代が芦ノ湖に求める役割も徐々に変わってくる。いや、すでに芦ノ湖の釣りは変わり始めているのである。

他湖に先駆けたワーム禁止が話題になり、バスアングラーの数も以前に比べると減ったように見える。しかし、この措置によって同湖でのバスフィッシングが一変した。湖岸に貼りつくように並んでいたボートが消え、魚たちの行動が本来の姿に近くなってきたのである。

かつて、ワームのショートレンジの釣りが多用され、岸辺の障害物に近づこうとするボートが多くいたが、彼らのボートが浮かんでいた真下、つまり水深1・5～2mくらいの沈み岩や沈木、崩れ栈橋こそが、本来の一級ポイントだった。

◎津久井湖や相模湖など急深なダム湖で人気を博したホッテントットやウイグルワート

こういったエリアで、トップウォータープラグやミノーに水飛沫を上げ、バスバグを丸飲みにするポットベリーなバスは芦ノ湖の代名詞だったが、その頭上にボートが大挙して浮かんだ結果、バスは臆病になり、ますます障害物の奥深くに入っていくことになった。あの雄々しいストライクシーンは影を潜めてしまったのだ。

しかし、近年の芦ノ湖は徐々にそれを取り戻している。私事で恐縮だが、夏の真っ昼間、チャガースプークの2本フックにダブルヒットなんて夢のような出来事も、9月のシャローでビッグバドが連続で大爆発なんて幸福も味わった。40年近くバスフィッシングを楽しんでいるが、こんなことは初期の紀州を除けばほとんど記憶にない。去年も、九頭竜の鳥居前で20㎝を超す巨大スイムベイトでグッドサイズを5本…というシーンに出くわし、言葉を失った。

ニジマスにしてもそうだ。長年ここに通うベテランフライフィッシャーでさえ「頬ずりしたくなるような魚だね…」と絶賛するような美しい魚が増えてきている。

ブラウンも健在。ミノーやスプーンに挑んでくる魚体は豊満そのものだ。野生魚のような尾をした個体も多い。

稚魚で放流したサクラマスたちはとんでもないやんちゃ坊主で、ルアーやフライへの反応があまりにもよく、〝もう少し大きくなってから掛かってきてくれよ…〟と、関係者が嬉しい悲鳴をあげる。先日、漁協の孵化場を見学に出かけたが、来年放流されるニジマスやブラウンの稚魚たちが元気に泳いでいた。そのニジマスは、ファンからの寄贈とのこと…。胸が熱くなる。

現在の芦ノ湖は、ビギナーがぶらりとやってきて簡単に何尾かを手にできる釣り場ではなくなった。しかしベテランでさえ、しばしの間、酒席のネタにできそうな素晴らしい魚との出会いが待つ湖になりつつある。

量より質と言ったら言葉が過ぎるかもしれないが、少なくとも今の芦ノ湖はベテランが挑むに足る充分な懐を持った湖だ。あの時代から長い時を経て、大人の釣り場に変わろうとしているのである。

あのスーパーソニックの釣りも復活している。岩陰から身を躍らせて高速のバイブレーションプラグを横ぐわえにひったくっていく姿は、バスゲームの象徴のひとつ。シンショウガンは健在なのである。

ROD MATERIALS

素材の進化で得たものと失ったもの

ロッドの素材は、かつてのスプリットケーン(竹)やグリーンハート(緑心木)の時代から、グラスファイバー、カーボングラファイト、ボロンなど、さまざまに進化を遂げてきた。それは少しでも軽く、高感度で、強靭なロッドを作るための技術革新の結果であって、キャスタビリティ、感度、操作性においては、飛躍的な向上を見せることになった。しかし、その一方で失ってしまったものもある。

トップウォーターやクランクベイトなど曳きもの系の釣りでは、今でもグラスロッドを望むアングラーが少なくない。それは、昨今の高弾性素材では思うようなルアーの操作が難しかったり、アタリがあっても弾いてしまったりするからなのだが、この傾向は、トップウォーターのファンで特に根強い。

彼らが求めるのは、1960年代から1980年代初頭あたりに流通していたグラスロッドのイメージ。もちろん、デザインや質感への郷愁や憧れもあるのだが、あの頃のグラス素材の特性が、トップウォータープラグを操るのに最適だからである。それを先達たちは「水っぽい」とか「しっとりとした」といった表現で表していたが、要はピンピン撥ねず、もったりとした感じ…それがプラグを柔らかく活き活きと泳がせてくれる。

当時は、素材自体の反発力が今のように高くなかったので、ある程度の反発力を持ったブランクを作ろうと思えば、肉厚にせざるをえず、結果としてブランク自体の重さが大きくなっていた。

そうなると、キャスティングやルアー操作時、ルアーの重さやロッドの移動荷重だけでなく、ブランクの重さも負荷としてかかってくる。

ブランク自体の重さというとたいして大きくないように思えるが、ロッド全体に平均化されて負荷がかかるという点においてロッドの性格に与える影響は大きい。特にスローテーパーのロッドではそれが顕著で、ロッドワークによって操られるルアーの動きが柔らかくなったり、ウニョウニョと水に絡むように感じたり…ということが起こるのである。

スナップを返してロッドグリップをあおり、ルアーにアクションをかける…その時、一瞬、ロッドに〝ため〟ができる感覚が生じる。つまり、ロッドをあおった瞬間にルアーも同調してピッと動くのではなく、手の動きをロッドが一旦吸収してから、そのパワーを柔らかくラインに吐き出す感じ…そんな表現になるだろうか。その結果、ペンシルベイトなら水と喧嘩せずに、やわらかく悶えるようにうねり進むことになるし、ポッパーなら水を柔らかく噛んでこもった甘い音を立てる。スイッシャーなら水を切り裂くのではなく泡に近い飛沫を吹く。

これはキャスティングでも同様で、当時は「飛距離は出るが、ゆるゆると飛んでいってポチャッと落ちる」などと表現された。実際には、初速が遅ければ距離は伸びないわけだが、これは感覚的な表現で、テイクバックした際のロッドへの負荷が、前記のような理由で全体にかかり、しなりも、投射に移るロッドの返りもやわらかな感覚になることを伝えようとしたのだろう。

ポイントに正対して、ゆっくりとテイクバック。ルアーの重みがグイッとかかって負荷が最大限になったところで、手首を返して、ラインをリリース。ルアーはゆるやかなカーブを描いて伸びていき、ゆっくりとサミングをかけて静かに着水をさせる…。まさに投げ心地の至福。

投げるプロセスまで味わい、楽しんでしまおうという世界は、トップウォーターだけかもしれないが、それはあの1970年代半ばから途切れることなく今もなお、愛されている。

こういったアクションのロッドを望むアングラーは現在でも少なくない。しかし、それをこの時代に甦らせるのは至難の業だと言う。30年ほど前にリリースされたロッドの復刻に取り組んでいるデザイナーの話だ。

「現在、ロッド用のグラスファイバーの素材自体が少なくなっているので選択の幅も限られてしまいますし、そのどれもが昔に比べ反発力が優れています。だいたい5年経ったら、進化してしまって、もとの素材が手に入りにくくなりますね。ですから、今の素材でロッドを作るとても薄いブランクができあがります。しかし、それではあの感じは出ない。自重を持たせるには、ブランクを厚く巻かないといけないんですが、そうするとどうしても反発力のあり過ぎる堅いロッドになってしまうんですね。そんな状況で、テーパーのデザインやガイドとのバランスなどいろいろ工夫して、どうにかこうにか近づけるんですが、なかなか同じものにはならないんです」

素材の進化で私たちアングラーが得たものは大きい。その一方で失ったものがあるのもまた事実。それを郷愁だのノスタルジーだのといった言葉で片づけてしまうのは簡単だが、納得のいく釣りのために求め続ける人々も少なくないのである。

EPISODE 03

フィンランドの名品とマリリン・モンローの数奇な縁

…………ラパラ フローティング

ビッグトラウトが狂奔したグリグリメソッド

ラパラといえばルアー界の巨人だが、ヘドンのような長い歴史を誇るブランドに比べれば、世に知られるようになったのはそう古い話ではない。

とはいえ、これほど短期間にトップブランドへと登りつめ、スタンダードとなった例は他にない。その登場は、数多のビッグネームたちにフォロワーを作らせるほどのインパクトを持っていた。

さて、このラパラ…フィンランドの貧しい漁師だったラウリ・ラパラという男が自らの漁のために生み出したという話はあまりにも有名だ。

日本にも早くから輸入され、ルアーフィッシングの広がりと共にその名声も広がっていった。しかし、多くのアングラーに衝撃を与えたのは、ルアーフィッシングのメッカ、神奈川県芦ノ湖における〝グリグリメソッド〟だった。

当時、カナダやフランスから移入された芦ノ湖のブラウントラウトはアングラー垂涎の的。ここを除けば、中禅寺湖などごく限られた湖にしか生息していない希少な魚ということもあったが、ワカサギなどの豊富な餌料生物を食べて巨大化していたからである。

芦ノ湖漁業協同組合では、ワカサギ放流事業に、釣魚としてだけではなくニジマスやブラウントラウトなどの餌という目的も持たせてきた。

同湖では、春先に産卵を終えたワカサギの多くが弱って岸辺の湖面を漂っていく。それは、魚食魚たちにとって年に1度のレストラン全店食べ放題フェアのようなもの。逃げる余力もない、栄養満点のワカサギが水面で待っているのである。

それはアングラーにとっても千載一遇のチャンスだった。普段、沖の深場から波打ち際まで神出鬼没、どこにいるのかなかなか読めないモンスタートラウトが、この季節だけはアプローチしやすい岸辺に集まってくる。それも、水面のワカサギに狂奔しているわけだから警戒心も緩み、食い気も満々だった。

そこで抜群の効果を上げたのが〝グリグリメソッド〟。フローティングミノーを使った独特のリトリーブ方法で、7ft前後のファストテーパーのスピニングロッドでロングキャストし、急激なリーリングとストップを繰り返すことによって、誘いと食わせのタイミングを生み出すものだった。ワカサギを飽食したトラウト、こと大型ブラウンはミノー系のルアーに激しく反応する。それを最大限に活かした戦略だった。ハンドルを2度急回転させてストップ！がワンストロークとなるリトリーブ方法だった

◎フィンランドの至宝ラパラ。
そのシルエットは一切の無駄がない

ことからグリグリの名がついたというが、後に他のさまざまなゲームフィッシュにも効果的であることが知られていく。

前出の中禅寺湖での主な釣り方はスプーンの遠投。トップウォーターで誘い出そうとするスペシャリストもいなかったわけではないが、急深なポイントが多い同湖は、湖底まで沈めてリトリーブしてくるのが効果的…と紹介されることが多かったのである。だから、水面近くでヒラ打つフローティングミノーに巨大なブラウンが飛びかかってくる芦ノ湖釣りは、多くのアングラーの心をわし掴みにしたのである。

さて、当初このグリグリメソッドの中心的な存在になったのが、ラパラのフローティング13㎝金黒だ。軽量なフローティングモデルにもかかわらず、スリムなフォルムが奏功して正確なロングキャストが可能だったし、急激なリーリング&ストップにもバランスを崩さず正確に反応して、水面近くで見事にヒラを打った。バルサ材の優れた浮力はリーリングをストップした際、瞬時に反応し体勢を戻しながら浮きあがろうとするのである。

当時の芦ノ湖では、このテクニックで次々とモンスターブラウンが仕留められたが、そこにはラパラという稀代のルアーの誕生の背景が深く関係していた。

◎カウントダウンと名づけられたコンセプチュアルなシンキングモデル

生い立ちはブラウントラウトねらいの漁具

それを解き明かしてくれたのは、ひとりのシニアアングラーだ。福原毅さんである。彼は写真家にして、何冊かの書籍を上梓している著述家。赤星鉄馬氏の遺稿『ブラックバス』も彼の手によるものだ。楠ノ瀬直樹さんと共にラパラへの想いをまとめた一冊が『ラパラ解体新書』だ。出版元が吸収合併したため廃版となり、今では中古本がプレミア価格で取引されるほどの人気となっている。

1991年、福原さんは、その取材でラパラの故郷、フィンランドのパイヤネ湖近くにあるラパラ本社を訪れた。

「ラパラが生まれたパイヤネ湖は、ヘルシンキの水がめと呼ばれる大きな湖です。創業者ラウリ・ラパラはその貧しい漁師でした。ここにはシラッカやシーカ（シナノユキマス）などの小魚をはじめ、パイクやパーチ、ブラウントラウトが生息しています」

ここで漁師たちが主に獲っていたのはブラウントラウトだったという。

「パイクも獲れますが、商品価値はブラウンのほうが上で高級食材なんです。いいサイズなら1日1匹獲れば家族を養えました。そのため、漁師がねらうのはブラウンだったようですね。シーカなどの小魚を獲ってエサとして使っていたんですが効率が悪く、やがてラパラを発明したんです」

こうしてラウリ・ラパラは、ハンドメイドのルアーを使って漁獲量をアップさせる。エサよりもはるかに効率よく、いいサイズが釣れたのだった。

「彼は、ラパラをキャスティングではなく手こぎボートで引いていたといいます。つまり、ラパラはトロウリングを前提に生み出されたことになるんですね。貧しかったので、リールやロッドなんて持てなかったのではないでしょうか。棒のようなものをボートに取り付けて、ラインを伸ばしてラパラを引いていたようです」

高速で引いても、急激なロッドアクションを加えてもバランスを失わない、あの安定した動きは、ここに原点があったのである。

「最初は煙草の銀紙を貼り付け、松の仲間のコルク質の部分を使っていました。フローティングでサイズは11㎝。カラーは黒金でした」

ラウリが狙っていたのが商品価値の高いブラウントラウトで、それを念頭にトロウリングベイトとしてラパラが生み出されたとすれば、芦ノ湖で断続的な高速リトリーブを繰り返すグリグリメソッドにブラウンが狂奔したことと見事に合致する。あの60㎝、70㎝という巨大な魚たちは、釣られるべくして釣られたと言っても過言ではない。

また、ルアー草創期に「ラパラはリトリーブしているだけで釣れる」という声が多かったのも、トロウリングベイトというバックボーンを想えば合点がいくではないか。

その後、1970年後半から80年代にかけて、日本ではさまざまなハンドメイドのミノーが登場したが、ほとんどがラパラをベースとしてそれぞれのビルダーが解釈を加え、用途を特化させたものだった。

もちろん、バスにも絶大な効果を発揮したが、やがて他のフォロワーがとって代わるようになっていく。その発端はフローティングモデルにおけるキャスタビリティだった。バンゴーなど、バスが主要マーケットであるアメリカで生まれたミノーは、重量バランスや形状において、キャスト時のハンドリングを強く意識していた。

ロングAなどプラスチックモデルでは、その点がさらに明白となり、若いバスアングラーの支持を得ていったのである。フローティングラパラがその出自をトロウリングに持つ以上、それは仕方のないことだったが、同社からもその点をフォローしたさまざまなバリエーションが発表されていった。

しかし、あの独特のアクションと、どのようなリトリーブでも姿勢を崩さずバランスを失わないオリジナルのフローティングラパラは、今もなお、ハイプレッシャーの湖でびっくりするような効果を上げることがある。シニアのバスアングラーのボックスから消えることがないのは、決して懐古ではないのである。

◎一冊の雑誌が、マリリン・モンローとラパラの
不思議な縁を繋ぐことになる

マリリン・モンローの死とラパラの奇縁

ラウリ・ラパラは、ソ連とフィンランドのソ・フィン戦争で、兵役に就いた。その時、戦地へラパラを持参し、現地での食料調達に大活躍。帰還後、その噂も本国で広がり始めた。漁師仲間のために手作りでラパラを販売していたラウリだが、殺到し始めた注文に応えるため、息子たちと本格的な製造と販売を始める。それはまたたく間に拡大していった。

成功したとはいえ、あくまでフィンランドのローカルベイト。その世界的な成功はノーマークというアメリカのビジネスパートナーを得たことから始まったのである。ルアーの巨大マーケット、北米での販売が始まったのだ。

「当初はカナダの国境に近い北部での販売が主で、細々としたものだったようです。やがてラパラにとって幸運なことが起こりました。噂を聞きつけた雑誌『LIFE』が記事に取り上げたんです。でも、それだけだったらあれほどのブームにはならなかったと思うんですが、掲載されたのが、たまたまマリリン・モンローの特集号だったんですね。突然亡くなった彼女の記事で雑誌は全米で空前の大ヒットとなり、ラパラは一夜にして全米にその名を知られることになりました」

そのLIFEとは1962年の8月号。日本ではJLAAさえ発足していない。それにしても、あまりに幸運な出来事。中国の諺では「強者は運をも呼ぶ」というそうだが、ラウリは、まさに運を引き寄せたのである。

全米でラパラブームが起こった。この入手困難ぶりを商機と見て、ラパラをレンタルする店も現れたという。定価の約10倍の値段をデポジットとして払うと、1本貸してくれたというのだが、まさに前代未聞。これほど熱狂的な支持を得たルアーは、後にも先にもラパラしかないだろう。その後のサクセスストーリーは推して知るべし。ただ、この幸運な商機を活かすことができた背景には、ルアーとしての大切な素養、ラパラならではのポイントがあった。

「ノーマークというビジネスのパートナーを得て、ＬＩＦＥの一件もあり、ラパラは成功す

◎『LIFE』1962年8月号のラパラの記事

るわけですが、単に運がよかっただけではなくルアーとしての優れた能力があったからだと思います。それはスタートが漁具だったということが大きく影響していて、今もなお受け継がれています。たとえば、フローティングやカウントダウンに施されるスイムテスト。これがラパラのセールスポイントにもなりましたが、工場を訪ねた際にも一部屋30人くらいのスタッフが1本ずつていねいに泳ぎをチェックしていました。本当に真面目な会社なんだと思いましたね」

漁具として生まれた以上、釣獲能力に関しては絶対に妥協しない。釣れるか釣れないか、獲れるか獲れないか…今もなお、それがすべてに優先し、判断基準になっているのである。ラパラの製品に共通する、あの独特の生々しさ。迫力と存在感。ちょっと泥臭いけれど、妙なリアル感…そういったものは、ラウリ・ラパラの時代から受け継がれるDNAなのである。

ラパラ・フローティング13cm、金黒。それはグリグリメソッドやモンスターブラウンと共に、当時のアングラーに強烈な記憶を残したのだった。

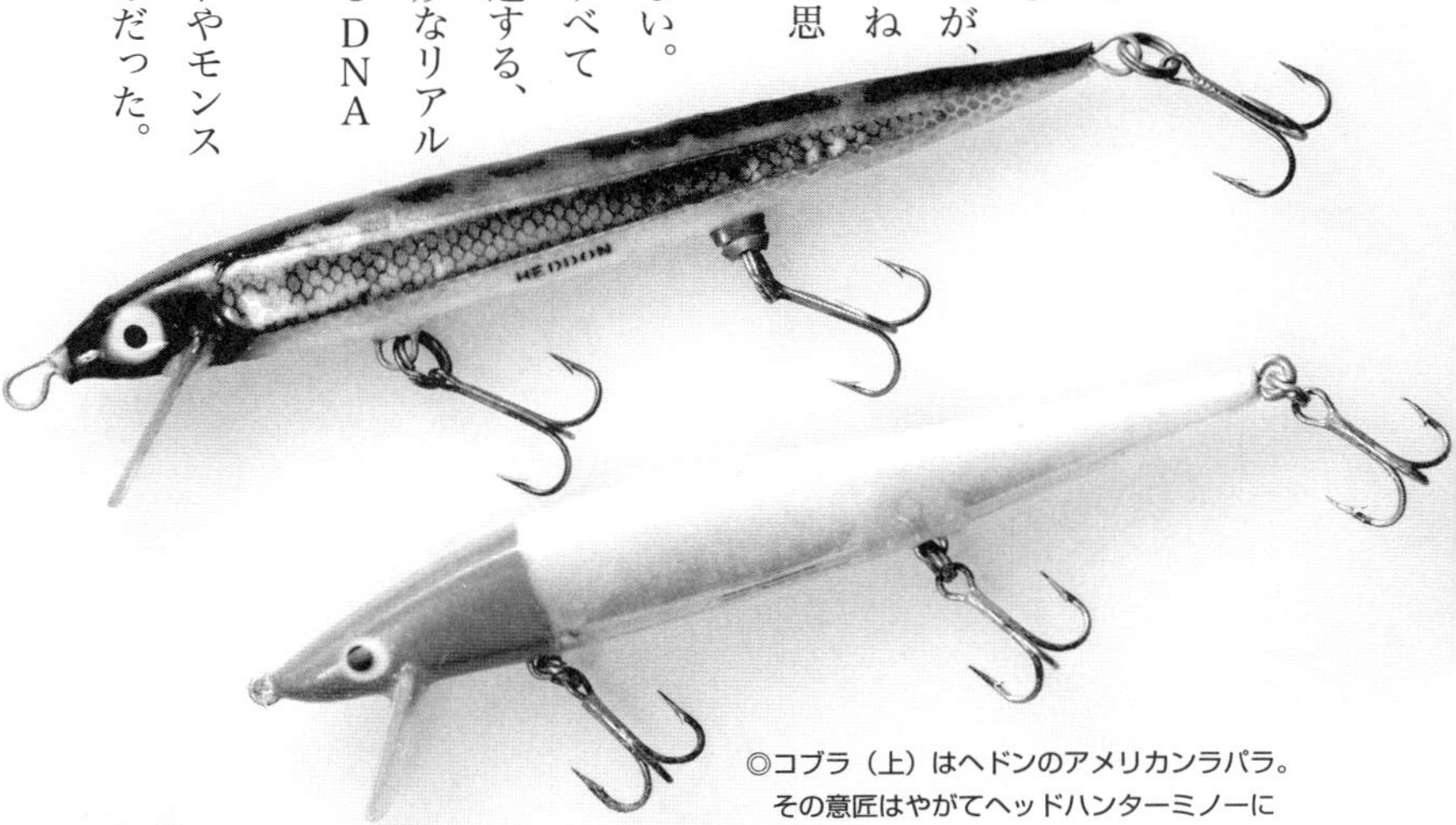

◎コブラ（上）はヘドンのアメリカンラパラ。その意匠はやがてヘッドハンターミノーに継がれていく

スプーンやスピナー主体だった日本のトラウトアングラーに、ビッグプラグで鮭鱒類を釣る楽しみを教えてくれたのがラパラだ。いや、それは今もなお現役でトラウトたちを誘い続けているのである。

シャッドラップという衝撃

ラパラにはその後、数々の名品が生まれる。しかし、往年のバスアングラーにとって最も印象深かったのはシャッドラップではないだろうか。シャッドルアーというカテゴリーを生んだ大ヒットで、前出の福原さんは、アメリカでのビジネスを前提に、シャッドラップは当初からバスを念頭に置いていただろうと推測している。もちろん、他のゲームフィッシュにも効果をあげたが、バスにおける評価は圧倒的だった。一説では5万個が全米でまたたく間に売り切れ、100万個ものバックオーダーを抱えたという。品薄の中、デリバリーを熱望するファンのために、雑誌にお詫び広告が出たとか…。

扁平でティアドロップのボディに、ディープランナーの名を冠したロング

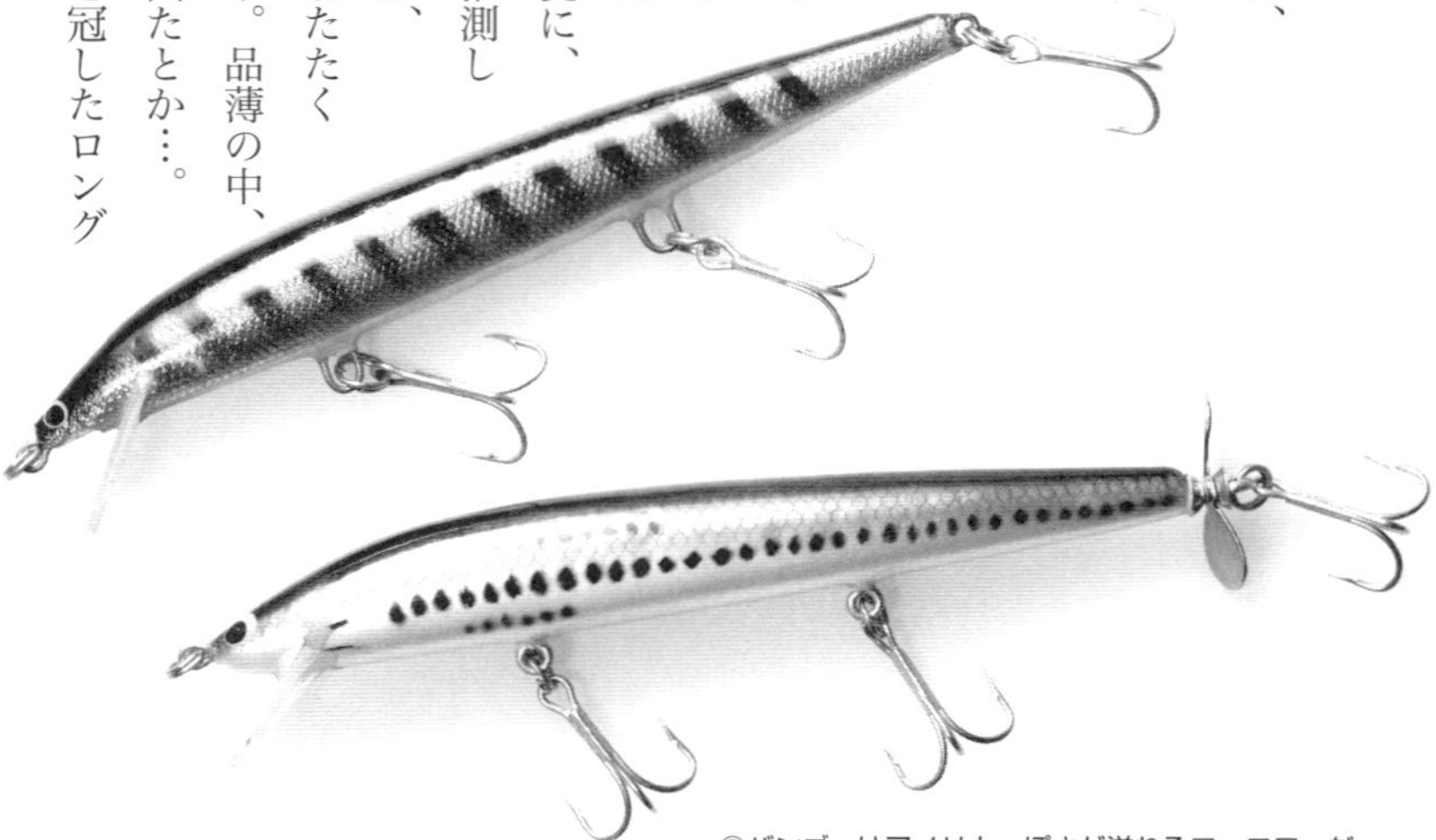

◎バンゴーはアメリカっぽさが溢れるフォロワーだ。派生のスピナーテール（下）も高い人気を誇った

リップ。昨今人気のフラットサイドクランクにも通じる要素を持っていた。それまでのラパラのディープダイバーがファットなボディで、ハイクオリティ・バルサの持つ浮力とリップの潜行力のバランスで独特のアクションを生み出していたのに対して、シャッドラップでは一転、薄いボディを採用している。そこに見えるのは明らかなコンセプトの変更だ。

最初のラパラがそうであったように、バスの摂餌衝動をどれだけ煽れるか…。それをもう1度徹底して洗い直したように思えてならない。

クランクベイトは、ファットなボディが生み出す動きでバスを刺激する。しかし、必ずしもナチュラルでフィッシュライクではない。スピナーベイトがそうであるように、何かのイミテーションではなく、バスという肉食魚が興奮する要素を無機的に組み合わせ、濃縮した…という匂いが漂う。

シャッドラップは、そんなバスシーンを席巻したクランクベイトへのラパラのメッセージのような気がするのである。

いずれにしても、シャッドラップの戦闘力は比類ないものだった。それは、現在のプロサーキットの最前線ですら、アングラーの支持を失って

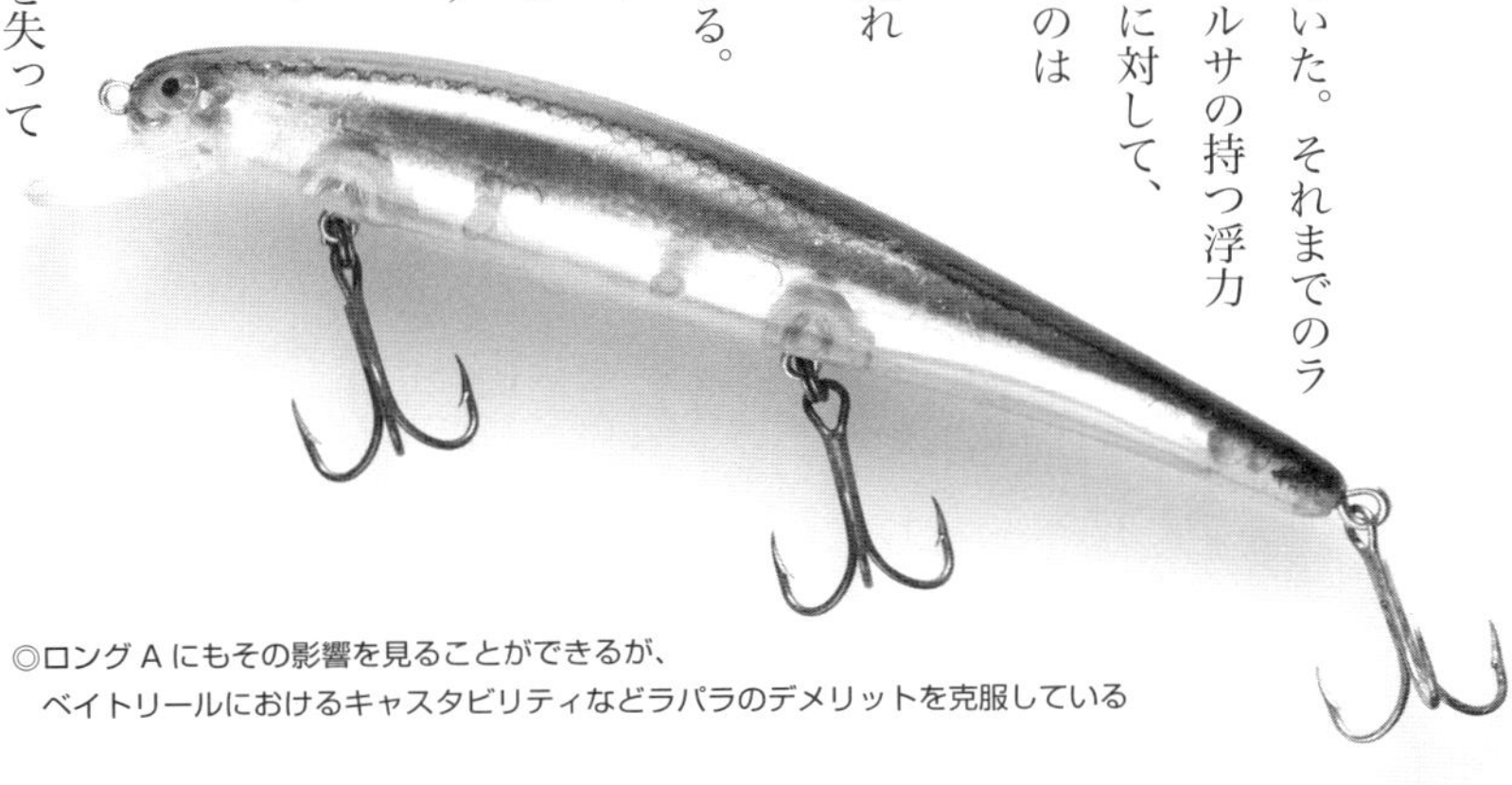

◎ロングAにもその影響を見ることができるが、
ベイトリールにおけるキャスタビリティなどラパラのデメリットを克服している

いないという事実からも窺うことができる。

漁具という出自を忘れず、釣獲能力を高めることに愚直であること…

そんな姿勢の結晶のひとつがシャッドラップだとすれば、これからのラパラからも目が離せない。普遍とは革新の積み重ねなのである。

◎北米で爆発的な人気となったシャッドラップラパラ。
シャッドという新たなカテゴリーを生み出した名品

EPISODE 04

新たなバスの愉しみを教えてくれた蛙

・・・・・・・・・・ハリソン・スーパーフロッグ

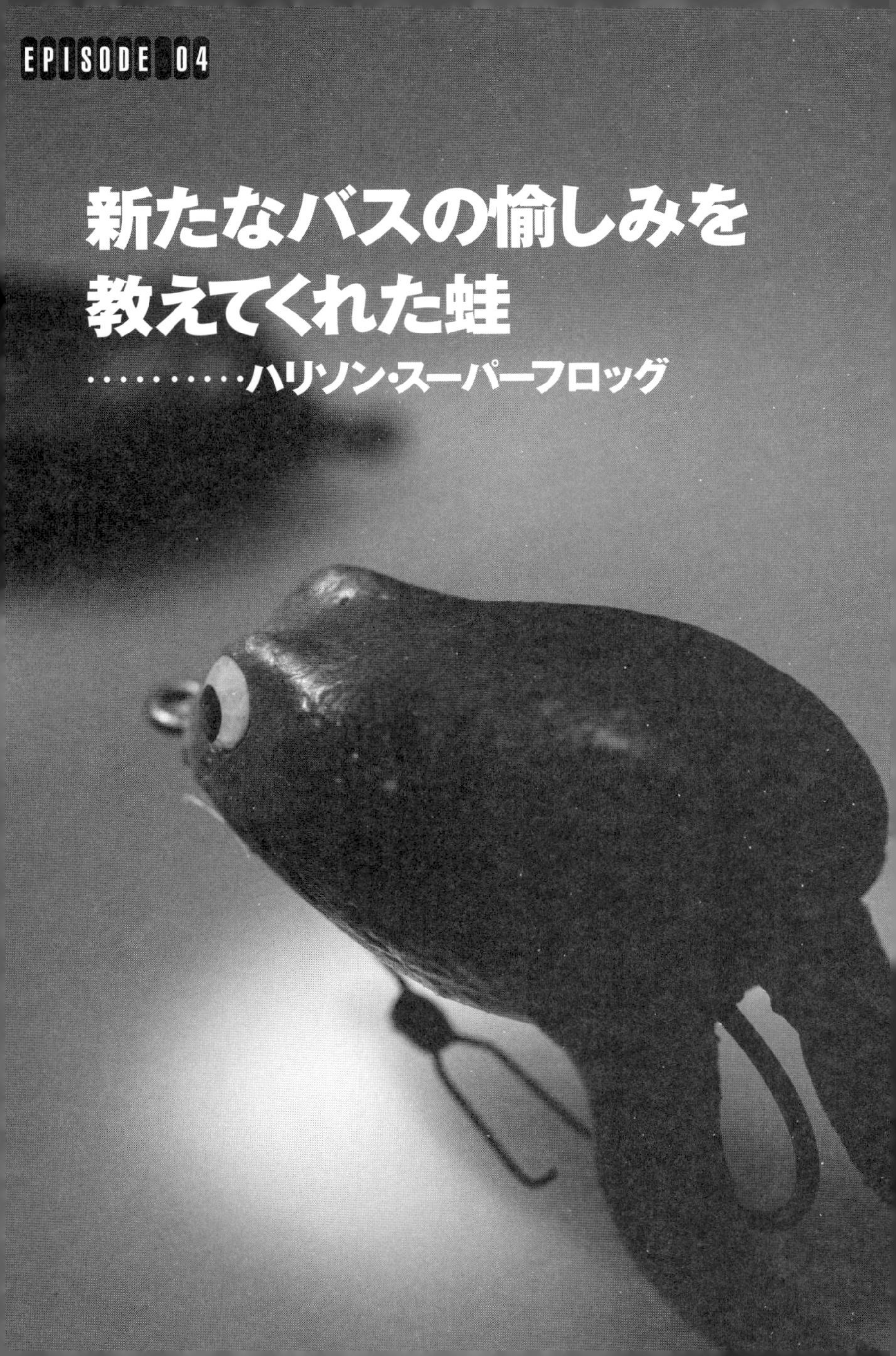

植物に守られたバスの楽園

日本のバスフィッシングは、神奈川県芦ノ湖で産声をあげ、相模湖や津久井湖などダム湖へ広がっていった。つまり、しばらくはオープンウォーターを舞台に展開していったわけで、ワームをのぞけば、基本的にトレブルフックがむき出しになったルアーが主だったことになる。

それまでもライギョの魅力を知った一部のアングラーが試行錯誤を続けてはいたものの、バスの世界でウイードガードのルアーが脚光を浴びたのは、千葉県雄蛇ヶ池を舞台にしたリリーパッドゲームが表舞台に現れてからだ。

この池もバスが入るまではライギョを追うアングラーの天国だった。ちなみに、あの則弘祐さんもそのひとり。ヘラブナ釣りで訪れたこの池に惹かれ、学生時代からオーバーオール姿でルアーを投げていたという。その頃はジョンソンのシルバーミノーやトビーのウイードレスが彼の主戦力だったとか。

リリーパッドの池がバスにとってこの上なく居心地のいい住処であることは、その成長を見れば一目瞭然だ。河口湖あたりなら生殖能力を持つ最少サイズに育つのに最短でも2年はかかるのに対して、温暖な雄蛇ヶ池では、春に生まれた仔魚がその秋に30㎝ばに達することもあったと聞く。

ハスや睡蓮、ヒシモ、コウホネなど、水面を覆う豊富な植物は、鳥などの外敵からバスを護るシェルターの役を果たしたし、強風による濁りや底荒れも防ぐ。そこには、アメリカでリリーパッドと呼ばれるシチュエーションに極めて近い光景が広がっていたのである。豊富な水中植物も、酸素の供給源でありながら、プランクトンや小魚の温床となってバスの餌を確保してくれた。なによりも、ハスの繁茂は、水位の急で大幅な変動がないことを示していた。その点でもバスの成長や繁殖に適しているということになる。

その結果、バスたちはフロリダのような見事なプロポーションに育つのだった。

ビル・プラマーのとても不器用な人工蛙

さて、そんなリリーパッドゲームのヒーローとなったのが、ビル・プラマーが世に送り出したハリソン・スーパーフロッグだ。当初はバスフロッグという名だったが、日本ではスーパーフロッグのほうが通りがいい。

しかし、それまでウイードレスフロッグというカテゴリーが認知されていなかったか

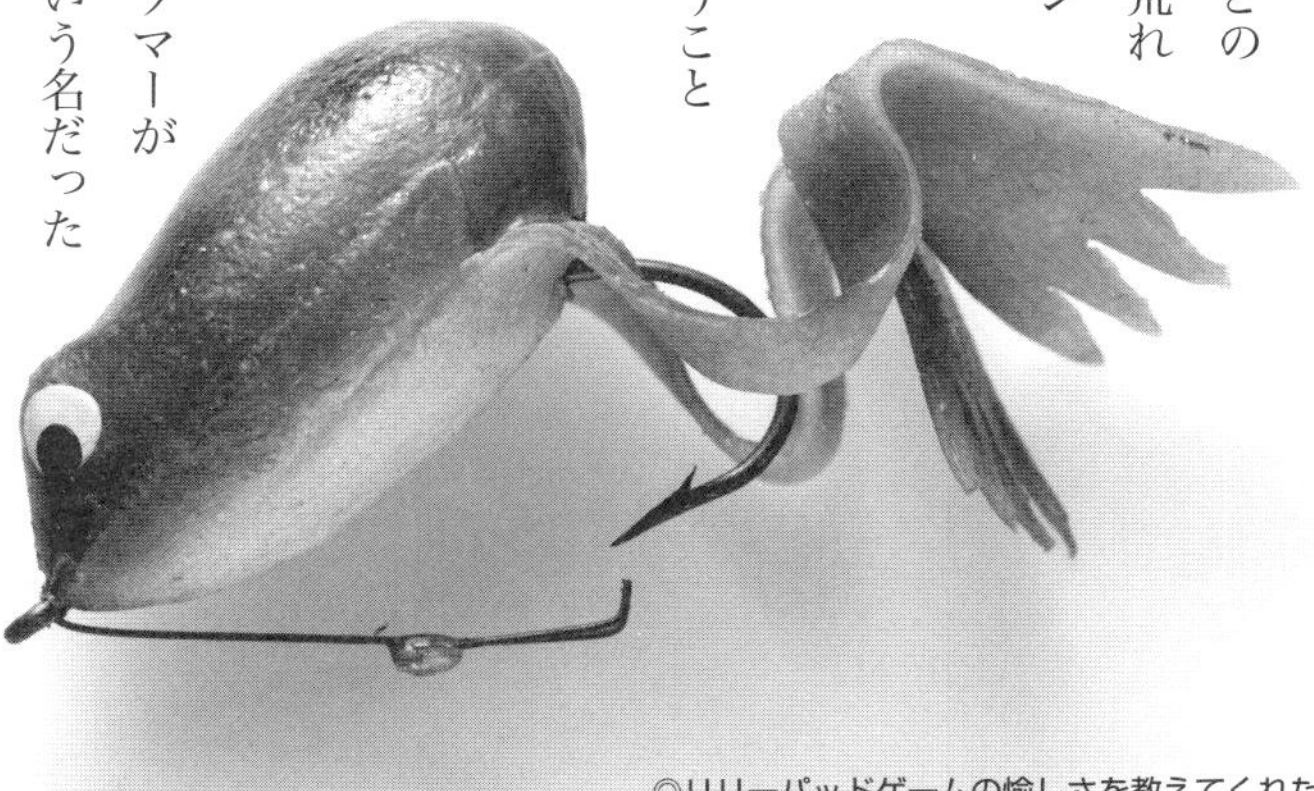

◎リリーパッドゲームの愉しさを教えてくれた
ひょうきんな蛙、ハリソン・スーパーフロッグ

といえばそうではない。ルアーやフライロッドで知られていたタックルカンパニー、ガルシア社からリリースされたガルシアフロッグはその代表だったし、スナッグプルーフのソフトルアーも店頭を飾っていた。

にもかかわらず、スーパーフロッグがウイードレスルアーの代名詞となったのは、日本のバスフィッシングシーンに新たなコンセプトを提示したからである。

それは、「リリーパッドでの困難さがゲームの質や楽しみを深くしてくれる…。アングラーと魚との関係において、バスのアドバンテージが高いほど釣った悦びも大きくなる」という価値観とアングラーの姿勢だった。

ヘビーカバーの釣りでは圧倒的にバスが有利だ。折り重なるような葉と葉の間の、それも僅かなスポットでルアーを演技させ、バスを誘い出さなければならないし、フックアップしても葉や茎に絡まれたら取り込むことはまずできない。なにより、障害物に掛かりにくいウイードレスルアーはフッキングもしにくかった。

トップウォーターフィッシングの登場は、魚を釣りあげることとそのサイズにとらわれていたそれまでの釣りにプロセスの大切さという新たな価値観を持ち込んだが、リリーパッドのウイードレスプラグは、さらに1歩踏み込んで、人とバスの

◎ウイードガードのスプーン。
ジョンソン・シルバーミノー（上）、ABUトビー（下）

より濃密甘美な世界を作り上げてしまったのである。その代名詞がスーパーフロッグだったのだ。

初代のスーパーフロッグはラバーボディにフックをセットし、その上から薄いラバーを貼り合わせるという実に手の込んだ作りになっていた。脚はやはりフィルム状のラバー。僅かな負荷でそれはヒラヒラと艶めかしく振れる。

ウイードガードは途中からふた股になりその分岐付近にウエイトが噛まされ、フックポイントは常に水中にあった。

やがて、手作り感満点の初代にモデルチェンジが施され、ソフトプラスチックの一体成型になる。サイズは2種。脚のヒラヒラ感は失ったものの、小太りなボディにひょうきんな表情は、あのパワフルで胃がせり上がるようなリリーパッドゲームを楽しくしてくれた。雄蛇ヶ池の黄金時代を味わったシニアアングラーの多くが愛用したのは、これら初代と2代目だろう。

3代目になるとおでこの張ったデザインに変更され、あのファニーな雰囲気が消えた。脚もさらに厚く堅くなってしまったし、次のモデルチェンジでは、ウイードガードもソフトプラスチック製に変更され、ビル・プラマーの薫りはなくなってしまった。もはや似て非なるものである。

雄蛇ヶ池はその後、土手の改修工事で水を抜かれ無残な姿になってしまう。ただの水溜まりと化した池は生命感を失ない、あの珠玉のゲームは記憶だけのものになってしまった。近年、ハスやコウホネも復活しつつあるが、残念ながら工事前の環境には及ばない。

伝説のヤマシュウフロッグに込められたリリーパッドゲームの本質

日本のバスフィッシングを語る上で、則弘祐さんと共に大きな役割を果たしたアングラーがもうひとりいる。トップウォーターバスフィッシングの精神的な支柱を構築した、山田周治さんだ。

則さんと共に雄蛇ヶ池の黄金時代を楽しんだ山田さんが愛用していたのが、伝説のハンドメイドプラグ、山田周治さんのフロッグということで通称「ヤマシュウフロッグ」だ。トップウォーターの手練たちの間で今もなお語り継がれる逸品であり、コルクボディに燐青銅のウイードガードという非常にシンプルな出で立ちで、リリーパッドフィッシングのパイオニアたちに大きな影響を与えた。

「最初に雄蛇ヶ池に行ったのは、則さんに誘われたライギョ釣りだったんですよ。古山（輝男）さんたちがスプーンのオークラにウイードガードを仕立てておもしろい釣りをしてるっていうんで、それはいいね！　って。船だって、貸しボートはなくって田舟が一艘つながれているだけ。その頃の雄蛇ヶ池はライギョがいっぱいいてね。あっちこっちでバフッってすごい音。ルアーを投げると、ハスの間からドーンって飛び出してくるんですよ。それは楽しい釣りでした。その時に則さんが持ってきていたのがハリソンだったんです」

農業用水のため池であり、水道にも供されていた雄蛇ヶ池は、かつてヘラブナの人気釣り場だった。やがてバスが移入され、雄蛇ヶ池はわが国初のリリーパッドゲームの楽園となっていく。

「リリーパッドの釣りは本当に好きです。こんな歳になってね、力がなくなってキャスティングが下手になっても、リリーパッドを前にすると自分でも目の色が変わってるんじゃないかと思いますね。雄蛇ヶ池にもオープンウォーターの部分がなかったわけじゃないけど、目もくれなかった。そんなとこ面白くないからね。とにかく、リリーパッドでは魚のほうが有利なわけでしょう？　どこに潜んでいるか、こっちの想像力で攻めなきゃならない。ポケットにいるかもしれないし、ハスの葉の陰に隠れているかもしれない。ヒシモの隙に浮いてるかもしれない。そして、掛かったとしても粘られてしまえばどうやっても釣りあげられないっていうのがね…あの格闘のような面白さ。

その魔力に引っかかってしまうと、オープンウォーターはあまりにもあっさりしてしまってるような気がするんですよ。誘い出してからが物足りないような…。

だいたい、相手のほうが断然有利な格闘っていうのがおもしろいじゃないですか」

ハスの葉の上にポトリとフロッグを落とす……チョッチョッとロッドをあおって、葉の端から湖面にすべり込ませる。ラインのたるみを上下させる程度のロッドワークで、わずか数十㎝のポケットに浮かんだフロッグを悶えさせる。脅えさせる。震わせる。

……と、脇の葉がわずかに揺れて、次の瞬間水が吹き上がる。飛沫が飛ぶ。太い腹がひるがえって大きな顎がフロッグを押さえ込む。ほんのひと呼吸おいて全身を反らせるほどの強烈なフッキング。ハスやヒシモが騒ぐ。一瞬でも気を抜いたら巻きつかれて幕が降りる。そのすべてのプロセスで圧倒的なアドバンテージを持っているのはバスだ。だから全身の血が沸騰するようなゲームになるのである。

まさに小兵の前頭が横綱を倒すような高揚と興奮、そして達成感。

◎スーパーフロッグの戦友たち。
ウエーバー・スピニングフロッグ（上)、
ガルシアフロッグ（右)、
バーク・スピニングフロッグ（左)

こっちが万事上回っている勝負なんて面白くない…。イーブン、いや相手にアドバンテージを持たせておいて闘いを挑む、まさに大人の男の遊びの真骨頂だ。

「リリーパッドのポイントなんてね、正直言って、見抜けるかって言ったら見抜けやしないのよ。そんなの全部なんて見抜けるわけがない。僕たちの思い込み。ただの思い込みですよ。だから面白いんです。でも、その思い込んだポイントからバスを誘い出せるかどうかは、ルアーのよさ、力、アクション、待つ力…。キャストして、波紋が広がる。消える。そしてルアーを動かすまでの〝待つ力〟なんです。そのタイミングの妙。その〝間〟とか〝波長〟が魚と合う男はバスを引き出すし、合わない男は釣れない。

それを、あの頃の僕達は〝見抜いた〟とか〝見抜いていない〟とか言ってたわけなんだけどね」

◎柔らかな中空ボディで人気のスナッグプルーフ。
同系のソフトフロッグは現在もマーケットに多い

コルクボディという選択

「ハリソンはね、リリーパッドのポケットにポチャッと浮いて、脚をユラユラってするわけですよ。則さんは、それがバスにはたまらないんだよ！　って言ったんだけどね。僕は、その狭いポケットでルアーが腰を振ってくれたらもっといいんじゃないかと思ったんです。ハリソンはロッドアクションを加えるとチョッチョッと動くんだけど、腰は振らない。たしかに、脚を揺らすだけでも釣れるんだけどねぇ。そこで、自分で作ってみようと思ったわけです」

山田さんは、ロッドも含め自作のタックルで愉しむのが好きだ。スローテーパーのバスロッドが少なかった当時、輸入のフライロッドブランクをカットして、トップウォーター用のロッドを作っていたのは有名な話である。

「自分で作らないとおさまらないんですよ。〝こういうふうに動いたほうがバスを誘えるんじゃないか〟〝こんな動きに興味を示すんじゃないか〟とか思い描くわけです。僕はね、あまり移動しないルアーのほうが好きなんですけどね。仕事の合間にそんなことばかり考えてたんですからねぇ」

こうして山田さんのトライ＆エラーが始まる。すべてが白紙からのスタートだった。

「まず浮力が必要でした。バスじゃなくて大きなライギョがきてしまう可能性もあるので、バルサじゃ弱くてだめだよね…と。そこでコルクに目をつけたんです。僕はキャスティングも下手なのであっちこっちにぶつけるしね。バルサは壊れやすいけどコルクだったら凹んでも戻るし。それに、僕がいいな…って思う微妙な動きはバルサじゃ出なかったんですよ。最初はワインの栓を使ったんだけど、買ったワインのは瓶に押し込む際につぶされちゃってるわけ。そうなる前のを欲しいと思って、都内のコルク屋さんを捜したんですよ。そして、ワイン会社に卸している会社を見つけたんです」

当時使っていたボックスには、今もなお作りかけのコルクが残っていた。銘柄がはっきりと記された、まさにワイン会社へ卸される直前のコルク栓。それを繋いで長さを調節して使ったのだという。ボディの長さに合わせるため、ワームフックにステンレスワイヤをつないで先端にアイを作り、オモリを内蔵する。

ウイードガードにも新たなノウハウが盛り込まれた。燐青銅の単線が用いられたのだが、それは、やがてあのヒックリージョーに引き継がれることになる。

「燐青銅はね、光ちゃん（※1）が教えてくれたんです。何よりあの柔らかさなんだよねぇ。釣り方の違いもあるんでしょうけど、今出回ってるルアーのガードってみんな堅いでしょう？　柔らかくするとロッドアクションのたびに葉に引っかかる。堅いほうがリリーパッドでは引っかからない。でも、バスも撥ねちゃう。その具合なんだよね。ガードの先端が

※1
宮崎光さん
当時、山田さんや則さんのバス釣り仲間で、コピーライターとして活躍。後に作家となる。

フックに近過ぎても遠くてもだめ。それに、バスが掛かって暴れるとガードって曲がったり、角度が変わったりするでしょう？　そのたびに指で修正しなければいけないんだけど、燐青銅は銅の粘りを持ってるから、何度でも修正に耐えるんですよ。素材によっては何度かやってるうちに折れちゃう。

自慢じゃないけどハスが密集している所に遠くからキャストした場合、ガボッって出てくるのは僕のフロッグのほうが多かった。それはね、則さんとかみんながやっかむほどだったんです。当時の人たちに、〝ヤマシュウフロッグ〟という名前が知られていったのは、やっぱり、一緒に釣りをした仲間がそんな光景を見て、あっちこっちで〝あれはおもしろい！〟って話してくれたからでしょうね」

当時のオピニオンリーダー達を魅了したヤマシュウフロッグだったが、量産&市販化されることはなかった。

「水面下ではそういう話があったかもしれないけど、僕が〝コルクじゃなきゃだめだよ！〟

◎リリーパッドルアーは
フロッグだけではなかった。
これはヘドンのブラッシュポッパー

って言い続けていたので、具体的な話にはなっていかなかったんでしょう。コルクは加工しにくいからね」

こうしてヤマシュウフロッグは人々の記憶と、関係者のタックルボックスに残るのみとなった。しかし、さまざまな試行錯誤や失敗、その過程で得たノウハウや知識は、後の国産フロッグに受け継がれていったのである。

ルアーの面白さ。それはオリジナリティの競演だと思う

山田さんのノウハウをいちばん近い形で受け継いだのが、ヒックリージョーだった。ビル・プラマーの初代スーパーフロッグをリスペクトしていることは明らかだ。しかし、新たにさまざまなノウハウと解釈が盛り込まれ、見事な完成度を見せている。ちなみに、その名は、開発過程の失敗が由来とか…。

「最初、試作品を作って投げてみたらみんな腹を上にしてひっくり返っちゃうんだよね。ウエイトのポジションって難しいんですよ。ああいったラテックスの素材でボディを作ると重心が上にいっちゃうのね。僕は脇で冷やかしながら見てたんだけどね」と山田さん。

「則さんはね、すべてに関して美しくなければだめなんです。耽美派なんだよ。僕のだって、認めてくれてはいたけど〝ヤマシュウフロッグはいいんだけど、仕上げがなぁ…〟ってあ

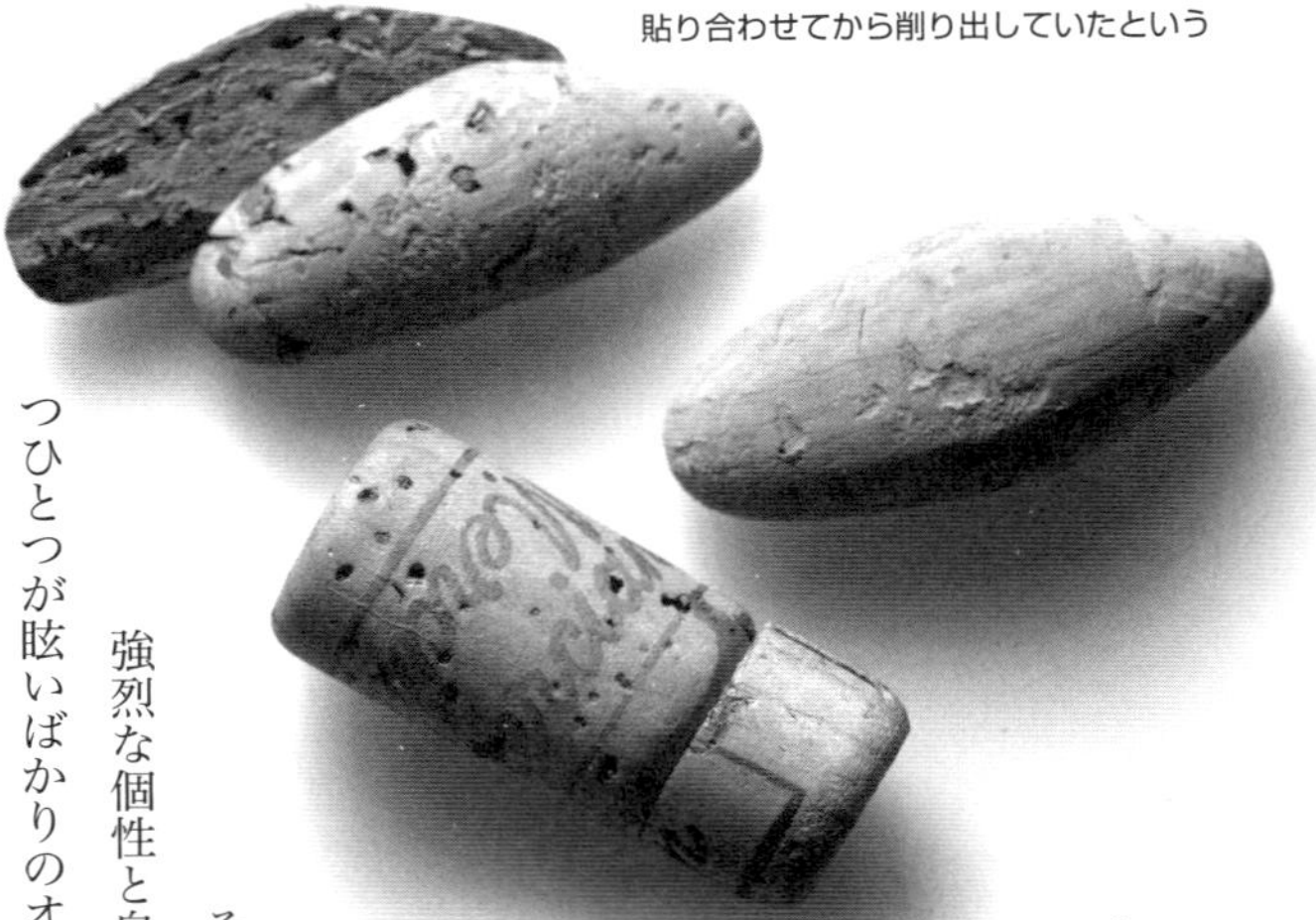

◎使用前のワイン用コルクを貼り合わせてから削り出していたという

まり使わなかった。だから、彼にとってハリソンも決して美しい蛙ではなかった…と思う。ヒックリージョーは機能だけではなくて、仕上げも進化させようと思って作ったはずですよ」

則さんは無二の蛙好きだ。今も残る終の住処となったログハウスにはいたるところに蛙の置き物が飾られている。ヒックリージョーは、そんな彼の情熱と執念の作品だったのだろう。

それにしても、あの時代のフロッグ達が放っていた強烈な個性と自己主張は見事の一語。先人達も指摘するが、ひとつひとつが眩いばかりのオリジナリティを放っている。

スーパーフロッグは、祭で売られるゴムの蛙のような薄い脚が魅惑的な動きを生みつつ、ウイードガードにウエイトを施してボディがひっくり返るのを防いでいた。

ガルシアフロッグは、スマートなボディで

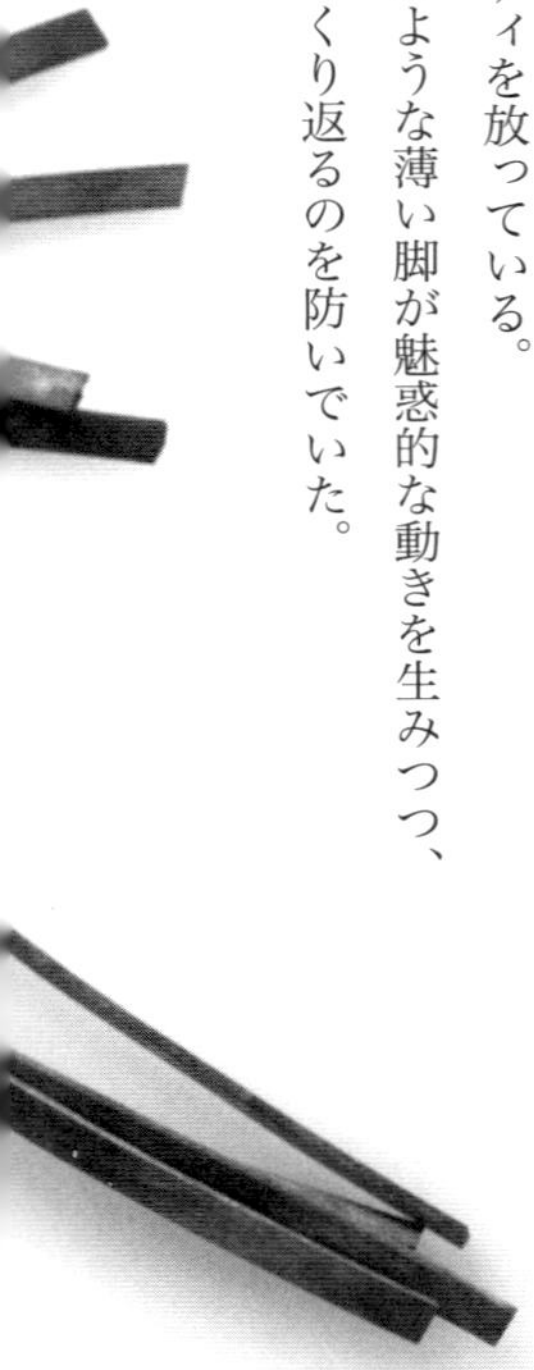

食い込みをよくしながら、フックポイントをボディ後端にセットすることでワイヤを使わずに高いウイードレス性能を実現していた。それだけでなく、ノーズとボディ上にふたつのタイイングアイを持ち、使い分けることでキャスタビリティや動きの変化を持たせてもいた。水中での使用も想定していたというから驚く。

スナッグプルーフは、中空のソフトなボディでナチュラル感を増しながら、ダブルフックをボディに沿わせて、抜群のウイードレス性能を誇っていた。

目指すものは同じでも、それぞれが独自の解釈と方法で別のルートからアプローチする。そんな職人気質があふれるルアーで遊ぶのだから、リリーパッドの釣りが楽しくないわけがない。

ひりひりするようなパワーゲームでありながら、心臓が爆発するような興奮と喜びを味わえる世界。ハリソン・スーパーフロッグやヤマシュウフロッグ

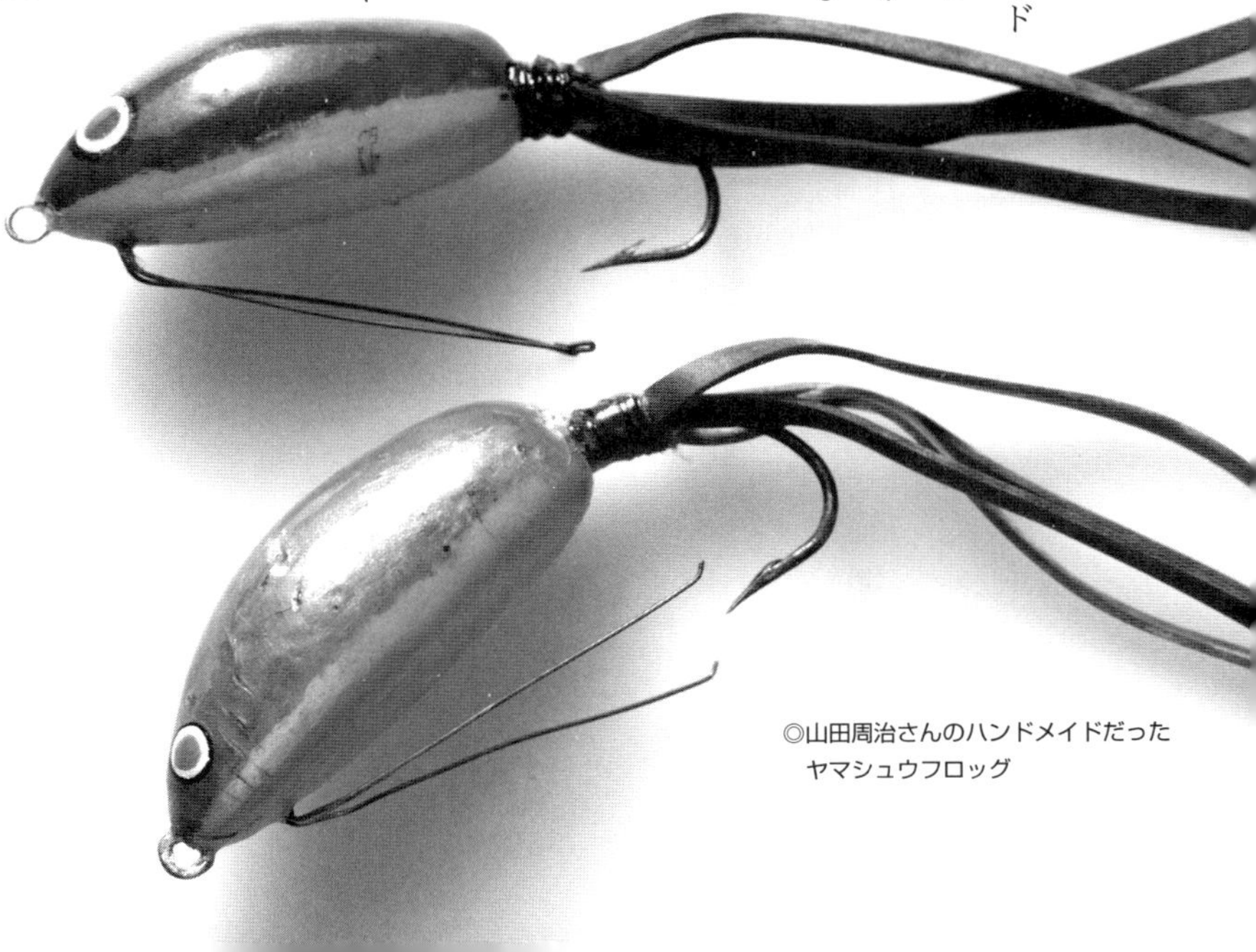

◎山田周治さんのハンドメイドだった
ヤマシュウフロッグ

が教えてくれたのは、まさにそんな大人の遊びだったのである。

◎初代ハリソンをリスペクトし、
ヤマシュウフロッグのノウハウも盛り込まれた
ヒックリージョー

EPISODE 05

日本の匠の"ウォーキングドッグ"

…………インナーハンドWB

バスフィッシング初挑戦の扉を開いたハンドメイドプラグ

１９８０年代に名を馳せたアメリカを代表するアングラーに、ビッグ・ビリーことビリー・ウェストモーランドがいる。ワームのパッケージなどでその迫力ある姿を目にした方も多いだろうが、羽鳥静夫さんのプラグを目にした彼がこう呟いたそうである。

「これを作った人はバスのことをよく知っているね」

ビッグ・ビリーをしてこう言わしめたプラグの原点は実にシンプルだった。

「ショーケースに並んでるのを見たらね、〝この程度ならオレにも作れるな…〟って思ったんですよ。実際の話(笑)。それで初めてバス釣りに行く時、4個作ってね、3個持っていったの。雄蛇ヶ池にね」

人生最初のバスフィッシングをハンドメイドルアーで飾るとは前代未聞。１９７０年代に入ってすぐの話だ。

「そりゃ、最初から釣れるわけないじゃないですか。オデコですよ。6、7人で行ったんですけどね、釣れたのはひとり。40㎝くらいのでした。悔しかったですよ。それまで僕の人生でオデコっていうのがなかったですからね」

その出来事は、ヘラブナをはじめとしてさまざま釣りを経験していた羽鳥さんのプライドを刺激することになる。

「オデコ喰らって腹が立っちゃってね、翌週も行ったんですよ。仲間達がいちばん使ってたのはスピードシャッドだったなぁ。あとはレイジーアイク。ハスは半分以上枯れてました。彼らはフロッグも使っていましたよ。実はね、1回目に〝こりゃ潜らないルアーじゃ勝負にならないな〟って思ってたわけ。なぜかっていうと、秋だったんで、夕方くらいから急に冷え込んできましてね。子供の頃からやってたナマズのポカン釣りもそうだったんですが、秋の冷たい風が吹いたらおしまいなんです。だからバスも同じような感じだろうと。それでこの日は潜るのを持ってきていたんです」

当時すでにさまざまなルアーが店頭を飾るようになっていたが、羽鳥さんの周辺で、それをハンドメイドしようというアングラーはいなかったという。

「ルアーを作ってる人は周りにいなかったですね。何年かして、バルサ50の話を耳にしたんですよ。いずれにしてもハンドメイドって聞きませんでした。もちろん、リップとかヒートンなんて売ってないですから、アルミを曲げたり、金物屋で使えそうなネジを捜しました」

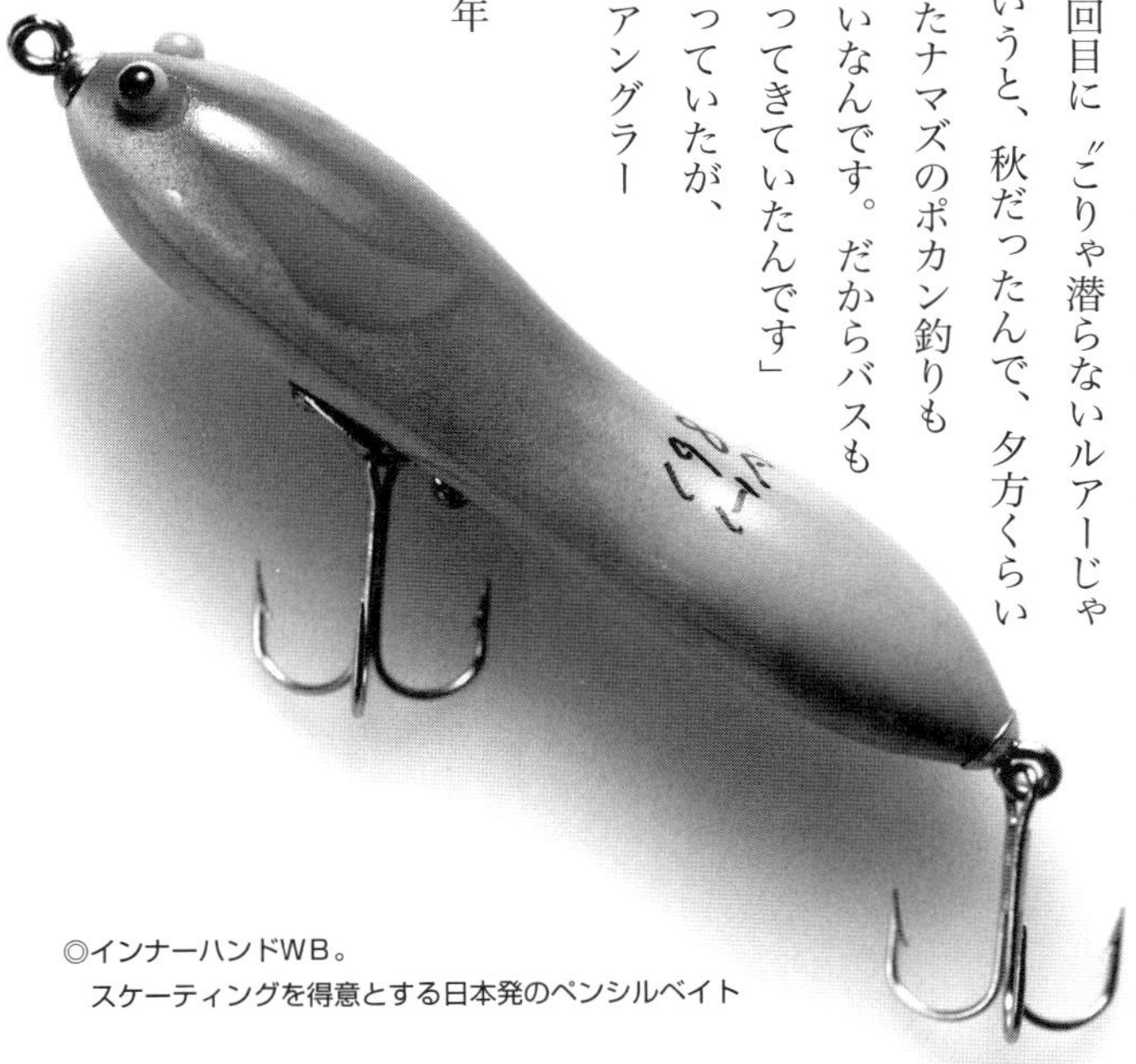

◎インナーハンドWB。
スケーティングを得意とする日本発のペンシルベイト

今でこそ、当たり前のようにハンドメイドルアーが店頭を飾っているが、ルアーへの信頼が好釣の秘訣とまで言われるこの釣りで、手作りルアーに心細さはなかったのだろうか。

「不安？まったくないですよ。初めて行ったときに、仲間が使うルアーの動きを見て、こんなので食いつくんだったら、形とか色はそんなにこだわることはないんじゃないか…って思ったんですよ。僕はそれまでいろんな釣りをやってたでしょ。マブナだったら、キヂがいい時とか練り餌がいい時とかってあるけど、(ルアーには)そんなのがないんじゃないかと思ったんです。まぁ、ずっと後になって、色は関係あるなって思いましたけどね」

そして、2度めの釣りでファーストバスとの出会いがくる。もちろん、それを呼んだのはハンドメイドルアーだった。

「レイジーアイクとフラットフィッシュの動きを見てね、とにかく、あの動きを出してみようって考えて作ってみたわけ。塗装も乾き切ってないようなのを持って行って。そうしたら見事に釣れたんですよ。41㎝だったかな」

今でこそ、羽鳥さんは日本のトップウォータープラグの草分けだが、当初はアンダーウォーターが主だった。

◎バスフィッシングデビューを飾った羽鳥さんのハンドメイドプラグ

「最初の頃はね、よくシャローランナーを作ってたんですよ。潜ったほうが釣れるからね(笑)。ミノーとシャッド系が多かったと思います。当時、雄蛇ヶ池でよく釣れていたのが、スピードシャッドのパーチカラーでした。だから、1度だけそんな感じにペインティングしてみました。当時はエアブラシなんてないから、筆でウロコをひとつひとつ手描きしていくわけですよ…。仲間が〝それ偽物だ〟ってからかうんです。でも、どういうわけか僕の〝パーチ〟だけがやたら釣れたんです。とたんに〝ちょうだい！ ちょうだい！〟って。2年めの頃でしたね。その話が仲間に広がっていって、ルアーをあげるようになったんです」

カラーはシルエットが教えてくれた

羽鳥さんのプラグは独特のカラーリングが施されている。アメリカのプラグたちにはない、まさにオリジナルパターン。それは歌舞伎の隈どりを想わせたり、潮になびくワカメの風情だったりした。その由来は諸説あって、ファンの話題になってきたのだが…。

「後にも先にも他のルアーの色を意識したのって、あのスピードシャッドのパーチだけですね。それだけ。僕のカラーリングっていうのはね、たとえばピンクを使うって決めるとするじゃないですか。そうしたら、ピンクに何を合わせていったらいいかってコンビネーションを考えて頭の中でイメージを描いていくんです。だから、何かベースになるものはありません」

では、例の隈どりやワカメのような〝柄〟はどうだろう。歌舞伎や海からインスピレーションを得ているのだと、したり顔で説くファンもいるが、そうではないらしい。

「あれもね、(イメージの元になる素材は)まったくないですよ。プラグの形にどんな柄が合うかっていうだけ。木を削ってるとね、あぁ…これにはこういう柄がいいなって思いつくんです。浮かんでくるわけですよ」

シャローランナーを中心に動いていたプラグ作りは、やがてトップウォーター中心へと移っていく。それは、ペンシルベイトの機能追求から生まれていった。

「周りの連中が持ってたペンシルベイトを試しに何回か使わせてもらったことがあるんだけど、それが思い通りに機能してくれなかったんです。ちょっと強めに引くと潜っちゃったりね。どちらかといえば、旋盤で削っただけみたいな単調な形のものが多かった。で、その頃、自分が作ってたペンシルベイトがたまたまよく動いたんですよ。たまたま…。だって、最初は何も考えずに思いつきで削ってたんですから(笑)。で、なんで動くんだろうって考えてみたら、僕のは斜めに浮いてたのね。それもほとんど水平なんです。ほかのは垂直か、それに近かったわけ。水平に近いとスライディングの幅がずっと大きいんですよ。

たとえば、その頃売られていたヘドンのザラゴッサにしたって、首はよく振るけどスライディングはしなかったでしょ。そのあたりからですね…もしかしたら、ペンシルにしてもポッパーにしても形状によってもっとさまざまな魅力を引き出せるんじゃないかって」

そこには仲間からの貴重な情報があったという。

「実際のところ、あの頃はみんな、本当のトップウォータープラグの使い方なんて分かっていなかったんですよ。でもね、幸運なことがひとつあったんです。〝ペンシルベイトは、ウォーキングドッグって言って、犬が首を振るように動かすといいらしい〟…ってことを知ってた仲間がいてね、それがプラグを作る上ですごく大きなヒントになりました」

そんな仲間達の多くは、その後、1970年代半ばからのトップウォータームーブメントの牽引者となっていくわけだが、彼らでさえ手探りの真っただ中にいたのである。

◎ペンシルベイトの代表的存在、ザラスプーク。
上から初代、二代目、現行モデル

◎羽鳥さんがデザインしたトップウォータープラグの数々。
遊び心とオリジナリティにあふれた逸品

二千匹のデータから導き出した基本サイズ

「トップウォーターの機能を知るためにね、ひとつひとつ試して覚えていったんです。同じ形状で、ヘッドのR（曲線）を膨らませた場合と細くした場合で動きがどう変わるか…。どこを削るとどんなスライディングをするか…を調べていったんですよ。（結論が出るまで）10年かかりましたね。素材だって、最初はバルサばかりです。ウッドはいいんだけど塗料の選び方を間違えるとヒビが入るんです。まぁ、僕がやってきたプラグ作りっていうのは、今のビルダーから見れば効率が悪い昔風のやり方なんだけどね。そういう経験を積んだので…自惚れになっちゃうんだけど、これまで仲間から〝こういうプラグできない？〟って言われて、できなかったことはひとつもない…。全部作れました」

そういった蓄積があの名作、インナーハンドWBに結実した。ひょうたんを細めたようなシルエットの小ぶりなペンシルベイトは、着水すると水面に身を横たえるような姿を見せた。そして羽鳥さんの言葉どおり、ザラスプークやザラⅡなど当時の人気ペンシルベイトに比べ、大きな幅のスライドでバスを誘った。まさにハトリーズの象徴的な存在だ。

1970年代にトップウォーターブームが起こった時、そのイメージを担ったのは⅝ozの大型プラグ達だった。重さにして18g強。現在のトップウォーターシーンでは1oz以上のビッグサイズも珍しくはない。それに対し羽鳥さんのルアーは小ぶりだ。多くは10〜14

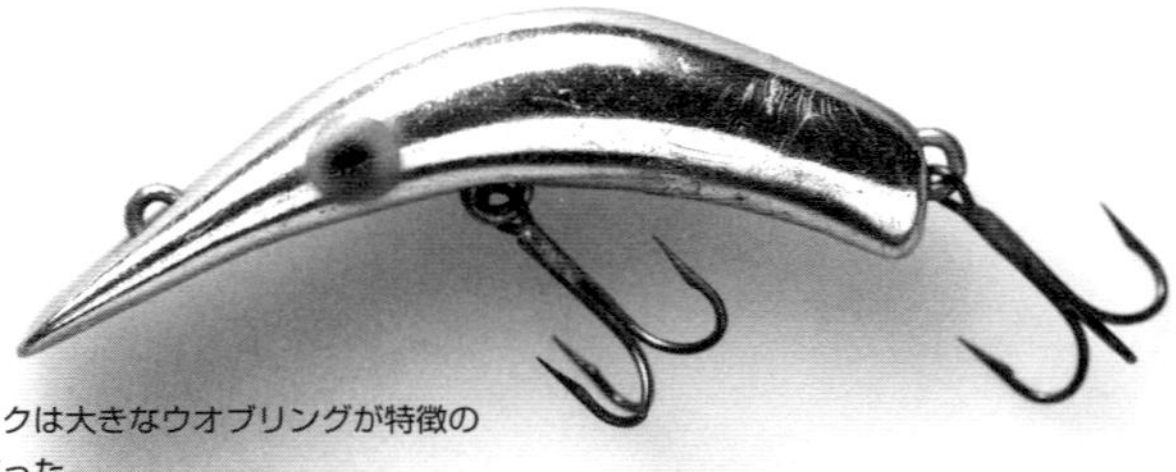

◎レイジーアイクは大きなウオブリングが特徴の人気ルアーだった

◎トップウォーターのイメージが強い羽鳥さんだが、
当初はリップ付きのモデルも多かったという

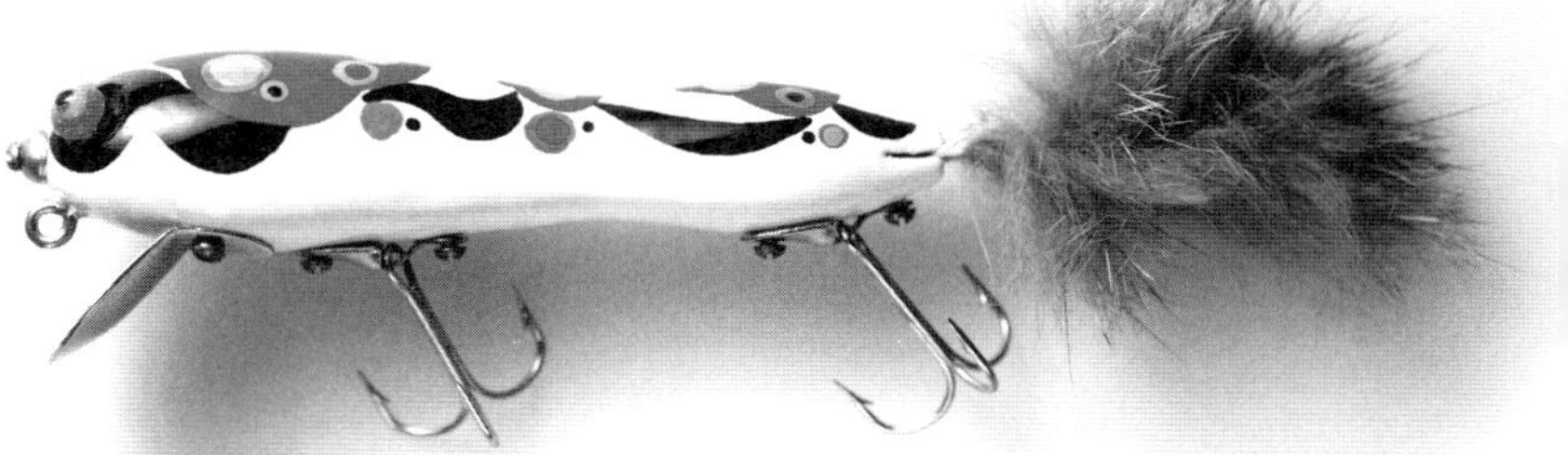

g、全長も10cmほどである。しかし、その背景には深い研究心と緻密な計算があった。

「そりゃ大きいのも作りました。小さいのもね。でも統計をとっていくと、小さい魚もでかい魚も効率よくストライクしてくるサイズっていうのがあったんですよ。実は1匹、1匹、データをとったんです。僕ひとりでだいたい千匹。ルアーを教えたヤツと一緒にやったから合計二千匹分。まぁ、二千くらいじゃ、統計なんて偉そうなことは言えないかもしれませんけどね。下久保ダム（神流湖）でした。よく釣れたからね。最初は水温とかルアーの色とか場所とかくらいでした。そのうち、風向き、光の角度とか項目も増えて。最後は気圧までやったんですよ。そのデータから長さ9cm、太さは最大で2cmっていう僕の標準サイズがでてきたんですよ」

カラーリングにはイメージの元になる素材はないと言った羽鳥さん。しかし、動きに関しては存在した。ある動物の動きであったり、架空のキャラクターのイメージだったり…それを木片やプラスチックでどう水面に表現していくか…羽鳥さんのプラグ作りの中心にあるのはそんな遊び心である。しかしその一方で、プラグとアングラーの関係、距離さえ、甘えや緩さを認めない世界を求めてきた。

「プラグを作るときにいちばん大切なのは、頭の中のイメージですよ。そのイメージした動きをどこまで出せるかということ。そして、みんなが〝よく動くね〟、って言うルアーが僕にとっていいとは限らない…いい加減にやっても動いちゃうのがイヤなんですよ。インナーハンドにしたって、〝こういう竿、ライン、竿さばきをしなければ本来の動きは出せませんよ〟って…そのかわり、きちっと動きが出せた場合は魚が出る確率が非常に高くなる…っていうのがいいんです」

羽鳥さんが辿りついた長さ9㎝、太さ2㎝という基準は、バランスのとれたタックルとの組み合わせがあって、はじめて意図した泳ぎを見せる。そこではラインも重要な要素のひとつだ。

「僕は8ポンド。太くても10ポンドまでしか使わなかったですね。12ポンドになるとプラグがもうダメになっちゃう。動いてはいるんだけどね、僕の目から見るともう耐えられない」

ルアーを作る上で、気になるブランドはなかったという羽鳥さんだが、ひとりのアングラーとして、心を寄せるメーカーはあった。

「好きなブランドはギルモアだよね。アメリカの駄菓子屋かなんかで売られてるみたいな雰囲気がいいじゃない？　ああいう、神経を遣わない仕上げがね…。それを買って釣りをするアメリカ人の心意気を想像すると楽しいよね。バスルアーって、本来そういうもんだと思いますよ。遊びの道具なんだから…。ギルモアは、カッパーヘッドジャンパーにしても、毎朝、工場の人が道路で死んだ蛇を拾ってきて作るっていうんだもん（笑）」

ギルモア…ただ木を削って、木目の凹凸が表面に残ったボディにペンキをサッと塗りつけただけのような粗っぽい仕上げ。しかし、そこにはバスフィッシングのおおらかさや陽気さが漂っていて、今もなお根強い人気がある。

「あの頃と今を比べて…そうだなぁ…

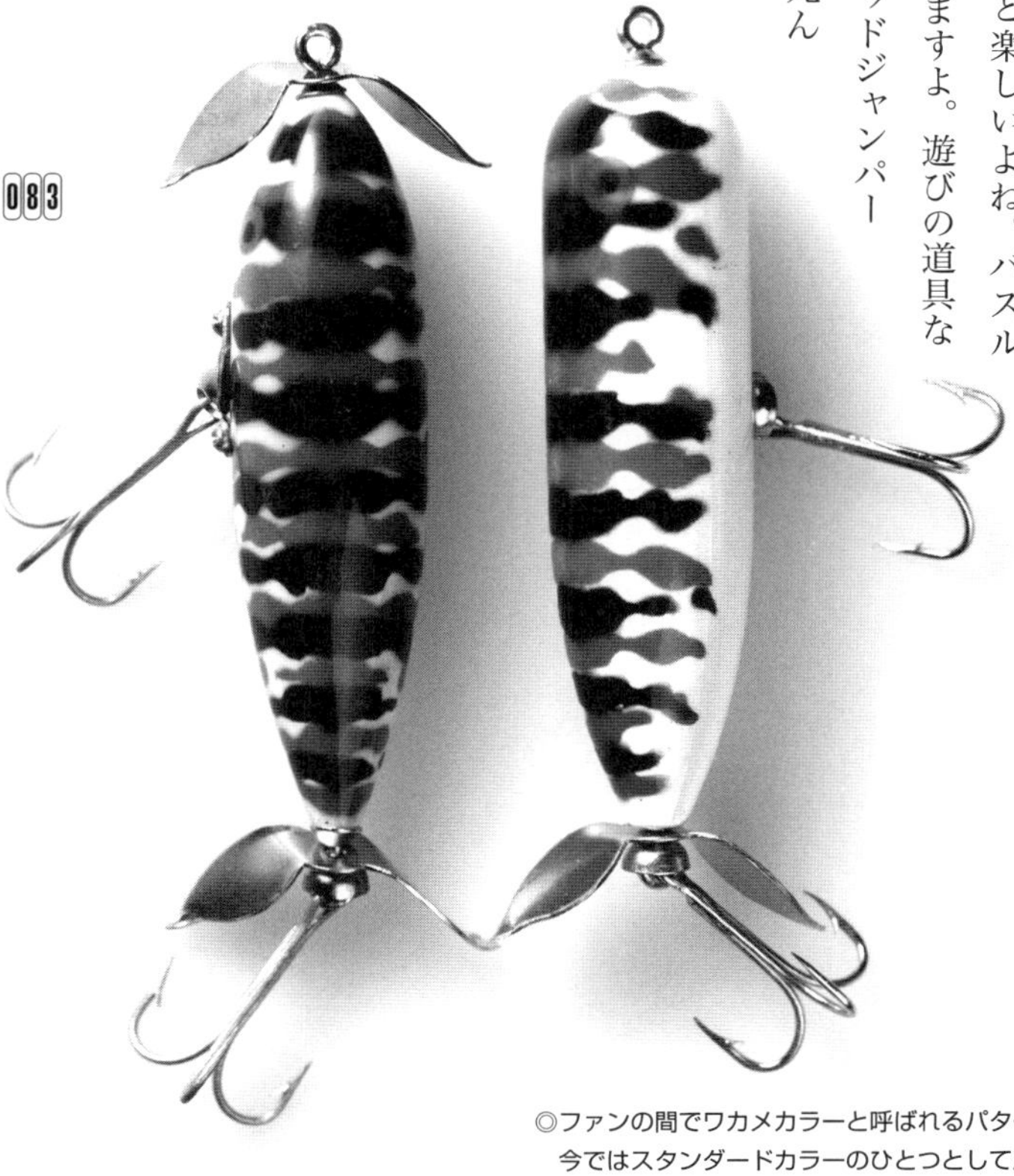

◎ファンの間でワカメカラーと呼ばれるパターン。
今ではスタンダードカラーのひとつとして広い人気を誇る

ルアーを作るのは昔のほうが楽しかったよね。今はね、何かルアーのアイデアが浮かぶでしょ、でも頭の中で〝こりゃいいな、こりゃダメだな〟って結果が分かっちゃう。削って泳がせてみるまで分からない、どうなるんだろうっていうワクワク感が懐かしいんですよ」

ラインさばきのために生み出したロングロッド

当時、トップウォーターに適したアクションを求めて、羽鳥さんがロッドも自作したのはよく知られた話だ。長尺でスローテーパーのベイトキャスティングロッドは、当時、ほとんど見られなかったからだ。

「いちばん最初に使ったのは、イーグルクローの安い既製品でした。渓流用の柔らかいヤツ。ある友人がリールと組み合わせてくれたんです。雄蛇ヶ池で2回だけ使ったんですよ。でも魚をかけたら、こりゃダメだと思ってね。とてもじゃないけど、こっ

◎ギルモアは、木目の残るアメリカンな薫りが漂うウッドルアーを多く発表してきた

ちの思い通りにならないんですね。魚が走ったらもう何もできない（笑）」

こうして理想のロッドを求めて自作が始まった。しかし、目指すべき形としてあの独特の柔らかなスローテーパーはすでに頭の中にあったという。そこで目を付けたのが、フライロッドだった。

「柔らかいロッドのほうが、すべてにおいてしっとりしているんですよ。キャスティングにしろ、プラッギングにしろ、ね。僕は子供の頃からヘラブナをやってたでしょ。そういう情念みたいなのを、バス釣りにも持ち込んじゃったのかもしれない。それで、フライロッドをカットして作ったんだけど、本当に凝った時には、ブランクの内径に合わせて渓流竿を短く切ったのを所々に入れて節のようにしましたね。そうして調子を出していくわけ。手元のほうには、場合によって二枚重ねで入れたりして。当時、日本に入ってたフライロッドはほとんど切ってみました。切らなかったのはレオナルドのカーボンだけ（笑）。友人から、いくらなんでもそれは切らないほうがいいって言われてね」

羽鳥さんはロングキャストの使い手だ。当時、その距離はケタはずれだったと仲間達は口を揃える。あのライトなプラグ

◎工員が通勤途中の路上で拾ってくる毒蛇の皮を貼り付けたカッパーヘッドジャンパー

を投げる羽鳥さんの隣に座って、20g近いザラⅡでようやく同じ距離に届いたという逸話がそれを物語っている。

6ft超のロングロッドを好んだ背景にも、それだけのディスタンスでプラグを思い通りに操りたいという強い意志があったという。

「当時心がけたのは、距離をたくさんとることでした。その上できちんとプラグを泳がせるためにどうしたかっていうと、まず、長めの竿を作ったんです。竿が短いとラインがうまくさばけない。距離をとってると、竿の長さがわずか15㎝か30㎝違うだけでまったく違うから。短いとラインがベタッと水面に貼りついちゃって思い通りにならないわけです。それを解決するには少しでも長い竿ってことになるんですよ。それでね、7ft半まで作ってみましたが、扱いきれなかった。重くて限界でしたね。そりゃ、20投、30投だけならできますよ。でも当時はセミダブルハンドルとかなかったからね。シングルじゃね（笑）」

羽鳥さんが時々口にする言葉がある。〝動く〟と〝泳ぐ〟だ。レクチャーなどで、〝動いてるけど、泳いでないね…〟などと声をかけられたファンは少なくないだろう。

「たとえばペンシルベイトで言えばね、左右にスライドするでしょ？　それなりのロッドさばきをすると、同じプラグでもスライドの幅が2倍くらい違ってくるはずなんだよね。泳ぐ、泳がせるっていうのは、そういうことなんです。大きくスライドさせるっていうのは、ルアーの動きを柔らかくするってこと。堅くてキビキビした動きになっちゃうと、スライドが小さくなる。それを手首の動きとかでやっていくんですけどね。でも、それだけじゃなくって、ロッドの調子やラインの太さ、ロッドの先から垂れ下がってるラインと水面に貼りついてる長さをどれくらいにとるか…も大切なんですよ」

〝それでね〟と、ひと息ついた後、話はさらに核心に迫る。

「どうしても釣れない時に効くのはね…ゆったりとスライドを繰り返している間に、たった1度だけ小さくノッキングを起こさせるんです。それが非常に効くの。でもこれができるヤツはほとんどいないね」

そう言って羽鳥さんはにやりとした。雄蛇ヶ池でのデビューから40年。アングラーとしてもまだまだ熱い。

今もなお、新たなプラグをリリースし続けるエネルギーの源も実は、このあたりにありそうなのである。

EPISODE 06

水温4℃の壁に挑んだ前代未聞のプロジェクト

…………ミスター プロンソン

バスは冬眠すると信じられていた時代

日本で、私たちがブラックバスと呼んでいる魚はラージマウスバス。正確には頭にノーザン＝北方という言葉がつく。スモールマウスバスもブラックバスと呼ばれることがあるが、こちらが日本で釣りの対象になったのはそう古い話ではなく、赤星鉄馬氏の移入以降、この国ではブラックバス＝ラージマウスバスという時代が長く続いた。

かつて、バスは冬眠すると報じられることも珍しくなかった。やがて、そうでないことも分かってくるが、冬には釣れない、釣るべきでないと主張する人々は少なからずいて、晩春から秋までのゲームというイメージが支配していた。冬眠などの誤解には、バスがおかれた温水性魚食魚というカテゴリーも影響していただろう。温暖な環境で大型化する遺伝的な形質を身につけたフロリダバスという亜種の存在が知られるようになったことも、無視できない。

しかし、ノーザンラージマウスバスの原産地は五大湖周辺と言われている。それは緯度で考えれば北海道に近いエリアだ。…とすれば、本来、低水温への適応力を持っている魚と考えてもいいのではないか。

◎国産初のリップレス・スローシンキングジャークベイト、ミスタープロンソン

たしかにバスは、水温が15～16℃を超す季節が長いエリアだと成長も繁殖もよくなると言われてきた。それは、芦ノ湖や富士五湖と、房総の野池を比べれば明白だが、その事実と、釣りのクオリティや釣り自体の是非という問題は別であるはず…そう考えた人物がいたのである。

科学するアングラーの挑戦

西山徹さんだ。彼は当時すでに雑誌や新聞で活躍する著名な存在で、トラウトやバスだけではなく、ソルトウォーターの世界にも積極的に取り組んでいた。そのため、さまざまな魚の生態、ゲームフィッシュの特徴に長けていたし、豊富な経験から幅広い戦略、技術を身につけてもいた。

しかし、彼にはもうひとつの顔があった。それは「科学するアングラー」。日本大学農獣医学部の水産学科でヤマメの研究に関わった西山さんは、勘や経験だけではなく、魚の生態、生理を科学的に捉えようとした。だから、冬のバスフィッシングについてもイメージや感情、風評でなく、冷静に向き合おうとしていたのである。

「冬になるとバスは本当に動かなくなってしまうのか…本当にルアーを追わなくなってしまうのだろうか」

そんな素朴な疑問を、彼はフィールドで解き明かそうとした。当時のバスフィッシングシーンの主流に対する挑戦と受け止める向きもあったが、そんな刺激的なものではなく、アングラーとしての素直な衝動だったはずである。さまざまな釣魚を楽しんでいた西山さんは、すべての方法に可能性を見出そうとしていたのだ。

こうして、東京の多摩市に住んでいた西山さんは週末になると山梨県の河口湖へ通い始める。それは秋から始まり、冬に向けて続いていった。毎週のように通うことで、少しずつ低下する水温と、バスの分布やルアーへの反応にはどんな関係があるのかを確かめようとしたのである。

やがて、その地道な努力は、当時のバスフィッシングシーンに衝撃的な事実を突きつけることになる。ウインターバッシングの発表だ。

氷が張ってもバスは食ってきた

富士五湖の秋は早い。夏の喧騒が収まると、あっという間に肌を刺すような寒気となり、湖上からバスアングラーの姿が消える。西山さんの試みはそんな中で進められていった。

予想どおり、バスたちは少しずつルアーへの反応が悪くなっていく。シャローからカケアガリで、普通にミノーやクランクベイトを引いても食わない。そうなるとワームの出番だった。しかし、秋が深くなると効果が激減した。

彼は、月刊『つり人』の誌面にこう記している。「冬のバスの状態というのは、ワームを食う状態よりも、さらに一段階活性が落ちた段階にある、といえます」。

湖岸から沖へ少しずつ着き場を変え、深場に群れるようになり、ワームに反応しなくなった冬のバスを釣るために彼が選んだのは、レーベルのサスペンドRだった。それを盛期とは異なる方法で投入した。

ねらいのポイントでゆっくりと沈ませ、湖底にタッチしたら超スローリトリーブの開始。ここぞというタイミングで3～10秒静止させる。そしてまたゆ～っくりとリトリーブする。そうすると、ワームに見向きもしなくなったバスたちが食ってきた。不思議なことに、湖底で静かにしている群れも、1尾が反応すると全体が興奮して、連続ヒットが起こり、群れ全体が上ずってくるのだった。

こうして冬の富士五湖でも立派にバスフィッシングが成立するという事実が発表されると、それはウインターバッシングと呼ばれ、大きな反響を呼んだ。

しかし、西山さんはそこで立ち止まらなかった。今でこそ、河口湖は全面結氷することが珍しくなったが、当時は年明けの一時期、氷で覆われた。湧水地点など所々に水が顔を見せるスポットはあったにせよ、湖面はほぼ白一色になったのである。山中湖では以前、

◎晩秋から初冬の河口湖で活躍したレーベルのサスペンドR

湖上を軽自動車が走っていたという。そんな状況下でもバスフィッシングは成立するのか…西山さんはそれを最終テーマに据えた。

さすがに結氷期になると、それまでの手もだんだん効かなくなってくる。水の比重は4℃で最大になるから、氷結するような時期には水面より湖底付近のほうが温かい。だから、そういった極限の状況では、バスたちは湧水付近も含め湖底のごく近くでのみ行動するようになる。

そうなると、もはや超スローリトリーブのサスペンドRさえ沈黙した。そこで西山さんは、シンキングミノーを持ち出した。7～11㎝のスリムなミノーを湖底スレスレで操る。8ポンドくらいのスピニングタックルで、ロッドを立て気味にして、ジャークやシャクリというより、フワリフワリとソフトに漂わせるように引いてくるのである。ゴンッと激しいアタリがくることはほとんどない。イトフケに全神経を集中して、少しでも不自然な動きを見せたら鋭く合わせる。

しかし、西山さんは、この非常に繊細な世界ではミノーのリップさえじゃまになることに気づく。そこで辿りついたのが、リップレスのスローシンキングジャークベイトという発想だ。

彼はそれを、当時ダイワから発売されていたロビンというミノープラグをベースにして

◎ミスター・プロンソンの原点となったダイワのロビン

自製した。リップを外しボディーに穴を開け、ガン玉を埋め込んで、ヘッドを少し下にしてゆっくりと沈むようにバランスを調節する。

絞り込んだスポットでそれを静かにフォールさせたら、ロッドをゆっくりと煽って湖底すれすれで、ミノーの時よりさらにソフトにアップダウンさせる。あらゆる釣りに精通していた西山さんの脳裏には、フカセ釣りのイメージが浮かんでいたはずだ。

それは、白銀の富士山を背にした厳寒の河口湖で見事にバスを誘いだした。冬のバスはエサを獲らずやせ細っている…そんな風評を一掃するような見事なプロポーション。体側の紋様が鮮やかで、盛期のバスと比べてもまったく遜色ない。ボートの上に魚を放置したら、凍ってしまうような季節に、熱いバスフィッシングを楽しめることが証明されたのだ。

この経験は、やがて稀代のプラグビルダー、鮎川信昭さんとの出会いによって、日本初のウインターバッシング専用のリップレス・スローシンキングジャークベイト、「ミスタープロンソン」として結実する。その名は、このプロジェクトを応援し、報道した月刊『つり人』編集部員、鈴木康友さん（現つり人社社長）のニックネームに由来した。

西山さんは、氷結した湖面をボートで割り進み、その開水面で釣りをするという信じられないような試みでも、何十尾というバスを釣ってみせた。河口湖の老舗ボート店で、彼のチャレンジをサポートしていた「伏見」のご主人も、厳寒期に釣れることを証明するために、バスでヘラのフラシを一杯にした西山さんの姿を見て仰天したという。

ウインターバッシングと呼ばれたその釣法とミスタープロンソンの誕生は、バスフィッシングの概念を一変させることになった。一部には、この世界をかたくなに拒み、否定する人々もいたが、西山さんはまったく気にしなかった。アメリカの文献を引き出して、「向こうのデータを見ると、リリースしても死ぬバスの割合は夏の方が高いんだよ。冬でもやせ細ってなんていないしさ。冬のバス釣りがいけない…っていうのは感情論でしかないんだよねぇ」と、いたって冷静。やがて、この、針の穴を通し、小さな虫の音を聞きとるような繊細な世界の魅力と興奮が知られるようになると、無人だった厳寒期のバスレイクにボートが浮かぶようになっていった。新たな扉が開かれたのである。

今、冬のバスフィッシングは特別なものではなくなった。いや、厳寒の湖こそビッグフィッシュのチャンス！と、意気込むファンさえいる。

そんな話を見聞きするたび、〝ほらね、だから言ったでしょ…〟と、西山さんがどこかで微笑んでいるような気がする。

ただ、ひとつだけ残念なことがある。今の河口湖では、あの真っ白な湖面を見ることができなくなってしまった。でも、これればかりはどうしようもない。

◎西山さんの記事は当時のバスシーンに衝撃を与えた
（月刊『つり人』1979年12月号連載記事
「FLY&LURE 今月のおすすめフィッシング⑫より）

TACKLE BOXES

パートナーとしてのタックルボックス

１９７０年代の第一次バスブームの頃、多くのアングラーが憧れたタックルボックスが、アムコ（ＵＭＣＯ）製だったことはご存じのとおり。ここで紹介する両開きの写真は、あの則弘祐さんが生前愛用していたものだが、その姿は多くのアングラーの心をわしづかみにした。

ヴィンテージ流行りの頃には、ものによっては10万円もの値がついたことがあったという、その人気は今もなお根強いものがある。

しかし、その後主流のスタイルは徐々に変わっていった。端的に言えば、両開き、観音開きの大仰なスタイルから、引き出し式や、幾つかの小型ボックスを収納する、効率的でフレキシブルな存在になっていったわけである。

１９８０年代半ばには、釣り場であの両開きと出会う機会は少なくなり、現在ではさらに進化を遂げ、細分化した商品が店頭に並んでいる。

こういった変遷の背景に、ルアーの多様化などバスフィッシング自体の変化や、利便性の向上ということがあるのは間違いないけれど、それだけで片付けることのできない何か別の要素があるような気がして仕方がない。

今思えば、9段、11段といったUMCOに象徴される左右両開きの大型ボックスを鷲の翼のように広げるひとときは、当時のアングラーにとってひとつの儀式だったのではないか。

ネットも中古ショップも存在しないあの時代、お目当ての1本を手に入れるのは容易ではなかった。国産メーカーやショップの数も増え、誰もがルアーを手に入れることができるようになった現在に比べれば、タックルボックスがルアーで少しずつ埋まっていく高揚、すべてのコンパートメントに憧れのプラグが着席したようすを眺める満足感は格段に大きかった。あのボックスを両開きにして眺めるひとときは、それを実感し、仲間と分かち合うための欠かせないプロセスであり、それ自体がバスフィッシングの楽しみの大きな柱の1本だったのである。

タックルボックスを所有する悦びも私たちを高揚させた。当時、大型のプラノを購入すると、アルミプレートに名前を彫ってくれるサービスがあったが、輸入業者も、そういった悦びを演出、後押ししていたのである。時代が違うと言ってしまえばそれまでだが、こういうシーンひとつを取り上げても、当時の釣りの楽しみの豊かさや幅、深みを感じずにはいられない。

何かひとつのルアーを取り出すにも、最低でも左右どちらかすべての段を開かなければ

機能性に優れたアタシェケース型の両開きも登場。徐々にタックルボックスの勢力図が変化する

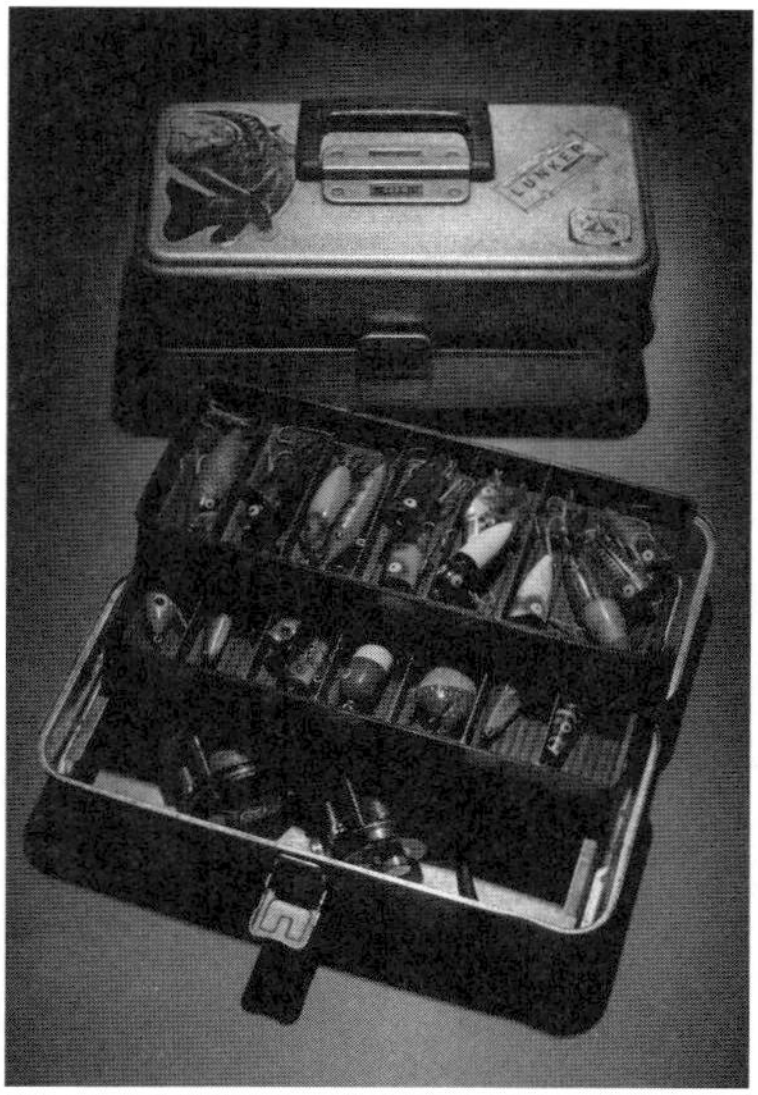

片開きタイプは岸釣りや、電車&バス釣行のヤングボーイに愛された

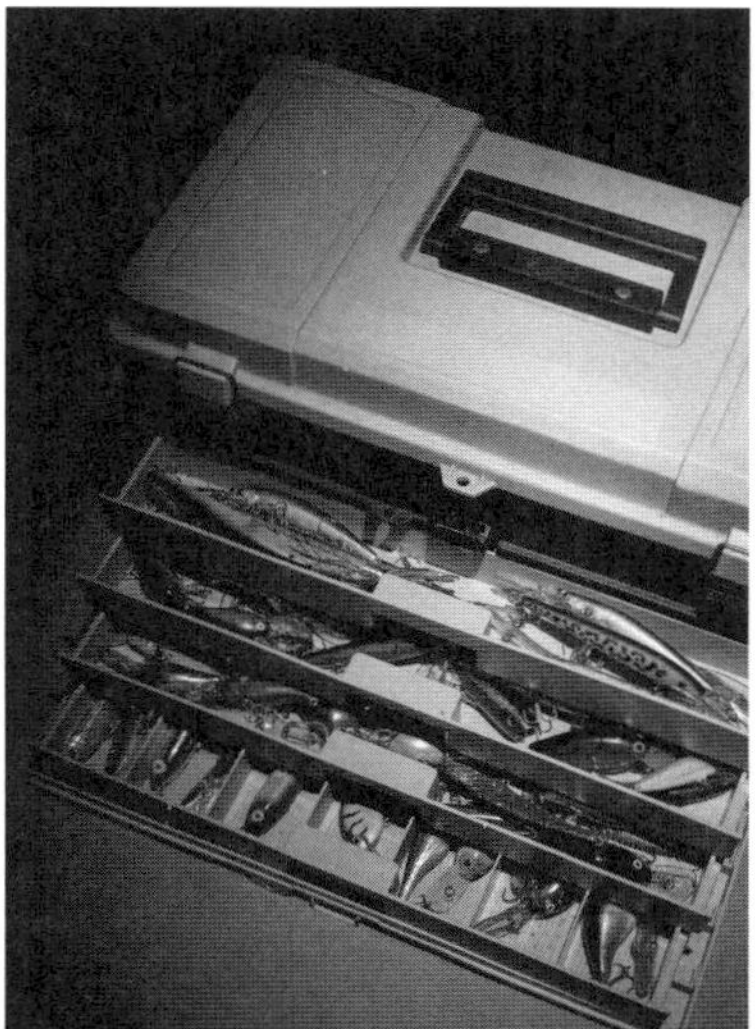

やがて、引き出し型が主流になっていく。そして、薄型のボックスを収納するタイプに進化した

タックルボックスを購入すると、名前を掘ったアルミプレートがプレゼントされるサービスも登場した

ならないから雨中では使いにくく、何度も開け閉めしているうちにアルミのカシメがすぐ緩む…モデルによってはトレイがワームで溶けてしまうし、カバーのかみ合わせも甘い…現在の目で見れば、タックルボックスとしてあまり褒められたものではないのだけれど、パートナーとしての存在感は、懐古と片づけてしまうにはもったいないものだった。とはいえ、タックルボックスは本来、ルアーの収容と保管、取り出しのツールなのだから、現在の役回りが当たり前と言えば当たり前。その立ち位置は実に理に適っているし、それに沿った進化も目を見張るばかりで、機能のみを考えれば、出る幕はないだろう。

ひょっとすると1970年代のアングラーは、タックルボックスにツールを超えた存在であることを求めていたのかもしれない。そして、アングラーとタックルボックスの関係が少しずつ変わってしまったのである。あの頃は釣り人とツールという主従関係、目の高さが、今よりずっと近かったと言ったら言葉に過ぎるだろうか。

今も両開きのUMCOを思慕するアングラーは少なくない。彼らはきっと、そんな距離でタックルボックスと相対したい人々なのだろう。

EPISODE 07

河口湖に帝王が遺したもの

…………ブルーフォックス ビッグバス

帝王が極東の島国にやってきた

バスフィッシングの本場アメリカ合衆国では、1960年代に賞金制のプロトーナメントが誕生していた。それは、スポーツとして成立させるための巧みなシステムと、見事にショーアップされた運営、メディアとの相互協力によって急速な成長を見せていく。その草創期、B.A.S.S.の創始者レイ・スコットと共に、バスプロ界の顔として活躍したのが、帝王と呼ばれたローランド・マーチンだ。彼は、数々のナショナルトーナメントで優勝し、全米を回ってバスフィッシングの普及に尽力した。

日本でも1970年代の終わりには、その支部的な機能を持つトーナメント団体が発足し、アメリカのバスフィッシングシーンに関する情報が頻繁に入るようになっていたが、そんな中でも、ローランド・マーチンはやはり別格のスーパースターだったのである。

とはいえ、インターネットも衛星放送もない時代。噂は噂を呼ぶ。メジャーリーグのトップ選手ほどの年収を得、イベントなどに出演する時には時間単位で天文学的なギャラを要求する…なんて話がまことしやかに囁かれた。

だから、こんな極東の島国にやってくるなど誰も想像しなかった。来日が発表されてからも、「来るわけがない」、「本人なのか…」、「話だけ盛り上げてドタキャンするのではないか…」と、訝しがる人々がほとんどで、直前まで与太話と捉えていた向きも少なくなかったがそれも無理はない。

しかし、来たのである。１９８６年、新たな賞金制のプロトーナメント、ＪＢＴＡが発足したばかりの山梨県河口湖に彼は現れた。

湖畔にあるロイヤルホテル河口湖のロビーに立ったローランド・マーチンは小柄な男だった。いや、日本人なら平均的な体躯だろうが、私達が想像するアメリカ人像からすれば、やはり小柄だ。取材陣や関係者でごった返すロビーでは、ひと混みに紛れて金髪の頭さえなかなか見えない。みんなが抱いていたイメージはアメリカンヒーロー…ほとんどの関係者は大男を想像していたのである。

しかし、そのオーラは圧倒的で、周囲がぱっと明るく感じられるような強烈な存在感を持っていた。

彼は賞金稼ぎの荒くれギャンブラーというイメージすらあったバスプロ像も見事に裏切った。知的で物静かな語り口。どんな質問にも理路整然と分かりやすく説明する真摯な姿勢。何よりも、実に理論的でスマートだった。そんな彼の物腰にネガティブな印象を持った関係者はひとりもいなかったはずである。

巨大スピナーベイトの衝撃

彼はいきなり私たちの度肝を抜いた。

それまでは、笑い話のネタにしかならなかったようなビッグサイズのスピナーベイトを使い、まったく初めての河口湖で、事実上優勝に値するスコアを叩き出してみせたのである。当時のルールは単なる重量制ではなかったので、優勝は他のアングラーの手に渡ったのだが、その実力は圧倒的だった。

その時披露したブルーフォックスのビッグウイローリーフのスピナーベイト、「ビッグバス」に、日本の〝バスプロ〟たちは衝撃を受けた。そのインパクトは、1週間足らずで関東近圏のショップから姿を消してしまった事実が物語っている。同タイプのスピナーベイトは他社からも販売されていて、彼の本拠地フロリダのレイク・オキチョビの名を冠し、オキチョビ・ベイトなどとも呼ばれていたが、皆、同じ道をたどった。タンスの肥しが一夜にしてベストセラー、メインウェポンになったのである。

◎ローランド・マーチンの衝撃的なプロモーションから1週間。ビッグバスは関東のショップから姿を消した

一気にブレイクしたという点では、最近のアラバマリグも思い浮かぶが、こちらは不遇の時代など一切ない。むしろ、多くのアングラーが店頭に並ぶのを今や遅しと待っていた。その点で、ビッグバスの衝撃は比べ物にならない。

当時、それを目の当たりにしたアングラーがいる。鈴木隆夫さんだ。JBTA(現JB)の草創期に活躍したトーナメントアングラーで、優勝を含む上位入賞やトータルウエイト賞などを総なめにしていた腕利きである。また、交流の少なかった東西のアングラーのかけ橋となったことでも知られ、彼からライトリグなど関東の最新情報を伝授された関西のアングラーも少なくない。鈴木さんは、その驚きをこう語る。

「野球で言えばベーブ・ルースみたいな人ですからねぇ。でも、会ってみると気さくで、みんなにいろんなことを話してくれました。あの時は釣れない季節でしたから、僕達も、いくらローランド・マーチンでも難しいだろうと思っていたんです。まして、あのビッグバスという巨大なスピナーベイトでは…。それなのに釣ってきちゃったんですからねぇ。あの大きいバスを…。本当に驚きました」

ローランド・マーチンの的確な読み、そしてパターンを絞っていく姿にも、強い衝撃を受けたと言う。

「大石(エリア)で釣ったらしいんですね。河口湖の常連ならだいたい知っているんですが、あの時期にビッグフィッシュが釣れるのは3ヵ所あるんです。確率が高い場所がね。彼は、初めての国で、あの湖へやってきて、いきなりそのうちのひとつに入ったわけですから驚きました。ひょっとしたら〝ディープに隣接したウイードや岩のあるシャロー。そこに流れ込みがからんでいる場所はないか…〟なんて誰かに聞いたのかもしれません。でも、仮にそうだとしても、初めての河口湖で状況を読んで、条件を提示して釣るべきポイントを絞り込むわけですから、やはり凄いと思います。

当時の僕達としては、湖を眺めて〝この状況ならこういう場所に入ってこんなルアーをこうすればいい〟と判断し、そのとおり結果を出すということにも驚きました。多くのトーナメントアングラーはなんとなく自分が釣りたいポイントを順番に回っていくだけで、その裏付けのようなものもそんなにしっかりしていなかったんです。当時、田辺（哲男）君が持ち込んだパターンフィッシングという言葉や考え方は広がっていましたが、きちんと理解して実践しているアングラーは多くなかったし、この時初めてその威力を目の当たりにした人も多かったと思いますね」

そして、あの巨大なウイローリーフブレードを纏ったブルーフォックスのビッグバスは、当時の日本のアングラーにどう映ったのだろうか。

「まず、あのサイズ。当時、私の周りでもスピナーベイトが釣れるルアーだという認識は

◎河口湖に現れた帝王は、バスプロという存在をあらゆる点で強烈に印象づけた。
当時、この大きなブレードの効果を知るアングラーはほとんどいなかったと言っていい。
まさに衝撃だった
撮影：津留崎　健

広まっていました。でも小さなコロラドブレードなどが多く、あのビッグウイローリーフに手を出す人はほとんどいなかったんです。ローランド・マーチンの影響で、でっかいブレードにはでっかいバスが食ってくるんだ…という話になって、コロラドも大きいのを使ってみるとトーナメント中に橋脚とかでビッグフィッシュが釣れるようになりました。使い方に関して言うと、彼は非常にゆっくりと引いていたようなんです。スピナーベイトはブレードを回転させるものと思っていたんですが、試しに彼と同じようなスピードでリトリーブしてみると、ブレードは回らずにブルンブルンと左右にウオブリングするだけなんですね。それであのビッグフィッシュを釣ってきたわけです。そういう使い方もあるんだな…とびっくりしました。私の周りにも、ローランド・マーチンが釣ったのを知って〝俺も持ってるよ〟とタックルボックスから見せてくれた友人はいました。でも、それまで1度も使ったことなかったって…（笑）。彼が来るまではそういうルアーだったんです」

ホプキンスも彼が輝かせた

ホプキンスも同様だった。こっちはある意味でさらにショッキングだったと言えるかもしれない。なぜなら1970年代半ばには、すでにその存在やアメリカ本国での使われ方が雑誌で紹介されていたからだ。サンディエゴなどの湖に遠征した当時のオピニオンリーダーが、帰国後、誌面でレポートを発表していたのである。アメリカのプロガイドたちが魚探を掛けて深場の魚群を見つけこれを沈めて食わせる光景が、やや皮肉交じりに紹介されていた。

冬対策や、ソルトウォーターでの脇役程度という認識だったこのルアーを、プレッシャーが高まりつつあった河口湖で、それもトーナメントで爆発させたという事実…。

ジギングスプーンというカテゴリーはすでにあったし、いろいろなタイプが店頭を飾ってもいた。しかし、目もうろこ模様もない、ただのムクな金属片…無愛想なホプキンスはやはり不遇の時代を過ごしていたのである。

「当時、メタルジグはディープのイメージが強くて、皆、12mとかの深場を釣っていました。なのに、彼は鵜ノ島と湖岸の間、水深4mとか6mのところにバスボートを留めたんです。河口湖の透明度でその水深にボートを浮かべたら、誰だって〝真下にいるバスに丸見えじゃん！〟って思いますよねぇ。釣れるわけないよね、って。なのに、ルアーを入れるたびに30㎝ちょっとのバスを掛けるんです。スーッと沈めて、2回くらいシャクるとヒット！の繰り返しでした。あの浅い場所でボートの下から、釣っちゃリリース、釣っちゃリリース…ですから、びっくりです。もちろん、みんなすぐに真似しましたよ」

真のプロフェッショナル

ちなみに、トーナメント後、インタビューに向かった私にローランド・マーチンはことこともなげに言った。

「今の河口湖にマッチするパターンはあと20種くらいある」。その表情には、いささかの誇張もはったりも見出すことができなかった。いや、滞在日数があと少し長ければ私たちはさらに衝撃的なシーンを目にすることになったはずである。

しかし、ローランド・マーチンの来日が彼らに与えたのは、テクニックやタクティクスだけではなかった。アメリカという国、そのバスフィッシングシーンへの扉も開いてくれたのである。

「彼がああやって河口湖に来てくれたことで、僕達の間ではアメリカという存在が一気に身近になりました。その後、今までにたくさんの日本のアングラーがアメリカに渡りましたが、大きなきっかけになったと思います。夢のまた夢みたいな存在だったアメリカのトーナメントが、急に身近な存在になったんです。それまでも、向こうのビデオとかテレビの映像を持っていたんですけど、彼と会ってから見直してみると、同じものなのに違って見えたんですよね。違う光景に映ったんです」

アメリカンバスフィッシングシーンの頂点、バスマスタークラシックを大森貴洋さんが制したのは２００４年。そのルーツがこの来日にあったと言ったら感傷に過ぎるだろうか…。

実は、彼が遺した衝撃はもうひとつある。プロフェッショナルとはどんなものか…それをさまざまな場面で身をもって見せつけたのである。

たとえば広告やプロモーション用の撮影時。日本のカメラマンに撮る角度からタイミングまで指示しておいて、自分はその前でまるでぬいぐるみのようにバスを操ってリアルなファイトを演じてみせる。ビッグフィッシュを水飛沫と共にライブウエルから取り出すシーンなど、ため息が出るような見事さで何度も再現して見せたのだ。その手慣れた、流れるような手際に、誰もが息を呑んだ。

当時すでに自分のテレビ番組を持ち、メディアでの経験が豊富だった彼は、最高の写真や映像を撮る術を熟知していたのである。自らをひとつのキャラクターとして演出し、表現するスキル…。現在ではごく当たり前のこの要素も、当時の日本で身につけているアングラーは少なく、自分の釣りさえきちんと説明できないトーナメント・ウイナーも珍しくはなかったのだ。

ちなみに、トーナメントプロではないが、キャッチ&リリースを推進した、アメリカでもっとも有名なバス研究家にしてカリスマアングラー、ダグ・ハノン

◎ジギングスプーンの雄、ホプキンス・ショーティも帝王によって真価が明かされたと言っていい

も同じだった。フロリダに彼を訪ねた際、さまざまな撮影をしたのだが、釣りあげたバスをまるで飼い猫のように、なだめ、操り、カメラのタイミングに合わせてジャンプさせたり疾駆させたりした。プロモーションにおける、画像や映像の持つ力をよく理解していたのだろう。

ローランド・マーチンの来日は、あらゆる意味で黒船の来襲だった。いや、招聘されたのだから〝来襲〟などと言っては失礼かもしれない。そう、サッカーの発展途上国にやってきて我々の目を開かせてくれたジーコを重ね合わせれば微笑んでくれるだろうか。

2度目の来日も期待されたが、現在に至るまでそれは実現していない。日本のルアーが西欧で高く評価され、我が同胞がバスマスタークラシックの頂点を極め、あの河口湖がワーム使用を禁じる時代。彼の目には現在の日本がどう映るのか…あの衝撃を体験した人々は誰もが知りたいと思っているはずである。

EPISODE 08

缶ビールの殻をかぶったビッグバスキラー

・・・・・・・・・・ビッグバド

缶ビールとバスフィッシングの融合

もっともバスルアーらしいプラグをひとつ挙げるとしたら…ビッグバドの名を選ぶアングラーが多いのではないか。ブラックバスしか釣れないルアー…まさにそんなイメージをまとった名作だ。

ご存じのとおり、ビッグバドはヘドン社を代表するプラグのひとつで、100年近い長寿ルアーが珍しくない同社においては新顔の部類だ。デビューは1975年。見てのとおり、ボディーデザインは、人気ビール、バドワイザーのパッケージそのものである。当初、日本には導入されていなかったが、個人的に入手していたオピニオンリーダーによって雑誌で紹介されると話題になり、1977年、正規輸入が始まった。

かつては、ビッグバド誕生の経緯が〝バドワイザーを醸造するアンハイザー・ブッシュ社のノベルティとして企画製造され、好評だったため一般へのデリバリーが始まった〟と伝えられていたが、実情は少し違うようだ。日本への輸入に関わった玉越和夫さんがそのあたりを振り返る。

「私が聞いた話では、アンハイザー・ブッシュ社の社長がヘドンにやってきて、バドワイザーのイメージでなにかルアーを作ってくれと頼んだようですね。しかしヘドン側は、単なるノベルティとして作ることには抵抗があったそうで、同社のプラグとして作る以上、魚が釣れるものをきちんと作りたいという意向で合意したようです。そして、いろいろな開発過程を経てあの形に辿りついたと聞いています。つまり、ノベルティが市販されたのではなく、ヘドンが引き受けた段階で、すでに一般向けの市販を前提に開発することが決まっていたようです」

それにしても、ビッグバドの登場は衝撃だった。ルアーは、カラーリングの簡略化や機能を特化させるために、自然界に存在するものから離れたデザインや意匠に仕上げられることが珍しくない。むしろ、そういったもので釣ることに楽しさを見出すアングラーもいるくらいで、リアル過ぎるルアーが毛嫌いされる時代もあった。

とはいえ、ビールの缶にそのままフックをつけたようなビッグバドは、いくらなんでも突飛すぎた。これを初めて目にしたアングラーの多くは、ジョーク商品と思ったのではないか。少なくとも本気で使おうとする人はそう多くなかったはずである。本国での広告やカタログの文面を見れば、〝本気〟であることがよく分かるのだが、かつてバスプロショップスのカタログでもパーティギフトやジョークグッズのページに

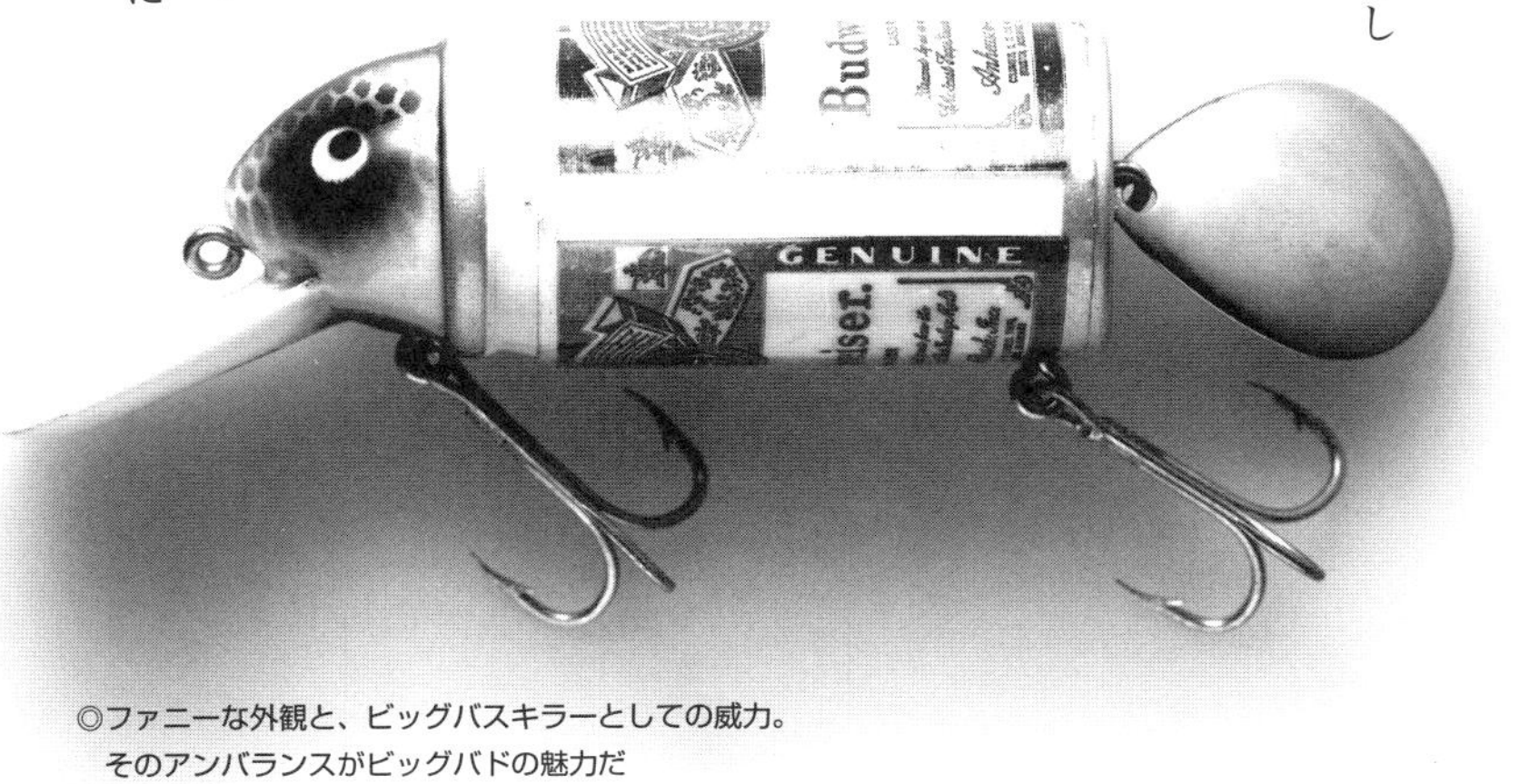

◎ファニーな外観と、ビッグバスキラーとしての威力。
そのアンバランスがビッグバドの魅力だ

載っていたことがあるくらいだから、そう受け取られたのはごく自然な流れだった。

前出の玉越さんでさえ、最初はどう扱っていいか分からなかったという。

「バスプロショップに初めて登場して、これは面白い！　とすぐに1本取り寄せたんですけどね。さてどんな動きをするのかな？　クランクベイトだよな？　って感じで、引いてみたらびっくりしました。引き心地はとにかく重いし、全然潜りません。ロッドティップを水面に突っ込んで、思い切り速く引くと、どうにかこうにか潜ってくれました。だから、こんな感じでいいのかなぁ…と思い、その頃はひたすら早巻きをしていたんです」

だが、ビッグバドはおそるべきビッグバスキラーだった。その片鱗は日本でのデリバリーが始まった直後、つまり30年以上前に現れてはいたのだ。ある全国規模のバスコンテストでビッグバドが優勝に輝いたことがあったからである。フォトコンテストではあったものの、60㎝は夢のまた夢、50㎝ですら雑誌のフロントを飾った時代に、53㎝というビッグフィッシュがこのルアーで釣られたのだ。その衝撃的な事実に、当時、多くのアングラーがビッグバドを手にしたのだが、パーティーグッズのようなボディの何がビッグバスを虜にするのかが分析されずにいたため、いつしか熱気も冷めることになった。その後、断片的にこのルアーにまつわる噂を耳にはしたものの、ブームと呼べるようなものにはならなかったのである。

トーナメントアングラーが明らかにしたその真価

ここからは少し新しい話になってしまうが、このルアーの歩みとしてお付き合いいただきたい。

日本でビッグバドがブームを迎えるのは2000年前後。それは、プロトーナメントでこのルアーによる上位入賞のニュースが続き、その威力が広く知られるようになったことが背景にある。

テクニックが先鋭化し、タックルも極限まで進化した近年のプロトーナメントで、フィッシングプレッシャーの高い湖からビッグフィッシュを釣りあげるのは容易ではない。手を替え品を替え、さまざまなパターンを試し、可能性を探って競技に臨むが、年を追うごとに難度は高くなっている。特に、日本は小規模な湖が多いため、その傾向が顕著だ。

だから、トーナメントシーンでは、年々ルアーがリアルになり、スモールサイズへと流れる傾向が強くなっていった。しかし、それだけでは他を圧倒する決定打が得られなくなってくる。そこで注目されたのがビッグバドだった。

プロたちは冷静にこのプラグの真価を見抜き、その能力を最大限に引き出す方法を編み出した。引き波の効果はそのひとつだ。こうしてビッグバドは幾つものトーナメントで、優勝やそれに絡む名勝負を生み出し、さまざまなメディアを通じて全国に広がっていったのである。

その人気は、『Basser』誌がビッグバド特集を組み、表紙に登場したあたりでピークに達した。ヘドンからリリースされるカラーだけでなく、プライベートな数々のデザインも店頭を飾るようになり、否応なしにこのルアーの存在がクローズアップされていくようになる。

しかし、私はこの記事の取材過程で、トーナメントでのブレークのはるか前から、ビッグバドの持つビッグバスキラーとしての実力に気づいていたトップウォーターファンがいたことを知る。その扉を開いてくれたのは、三重のルアービルダー、藤田浩之さん。今、もっとも入手が難しいと言われるハンドメイドプラグ「Budd & Joey」の作者で、彼自身ビッグバドのファンだった。その紹介で、ある晩、愛知や岐阜のビッグバド使いの面々と会うことになった。

「ビッグバドは釣れますよ。それもでかいのが…」。開口一番、そのひとりがことも無げに言い切った。そこで披露された話は目から鱗のような逸話ばかり。彼らはビッグバドをまさに使い倒していた。

1970年代、衝撃的なデビューを飾ったものの、なかなかその真価を知られることのなかったヘドン渾身のプラグが、トップウォーターのスペシャリストたちによって研究さ

◎このルアーの魅力と性能を伝えたビッグバドの特集号（『Basser』2001年1月号）

れ、トーナメントシーンで脚光を浴びるはるか前に、その能力を引き出されていたことに深い感動を覚えた。

パイオニアたちの試行錯誤

ビッグバドのブームで注目されたことのひとつに前出の「引き波」がある。ルアーを水面で引いたときに伸びる波と音の効果は、グラビンバズでも話題になったが、ビッグバドでは〝ビッグフィッシュ〟へのアピールの強さが注目され、多くのアングラーを魅了したのである。

玉越さんも、ある出来事がきっかけとなって、水面で泳がせるのが効果的であることに気づいたという。

「ある時、池原ダムに行ったんですね。羽鳥静夫さんと同船していて、前鬼、白川筋のほうへ回り込んだところにある島周りで釣りをしていたんです。水位が低い時はほとんど陸続きになってしまうのですが、この

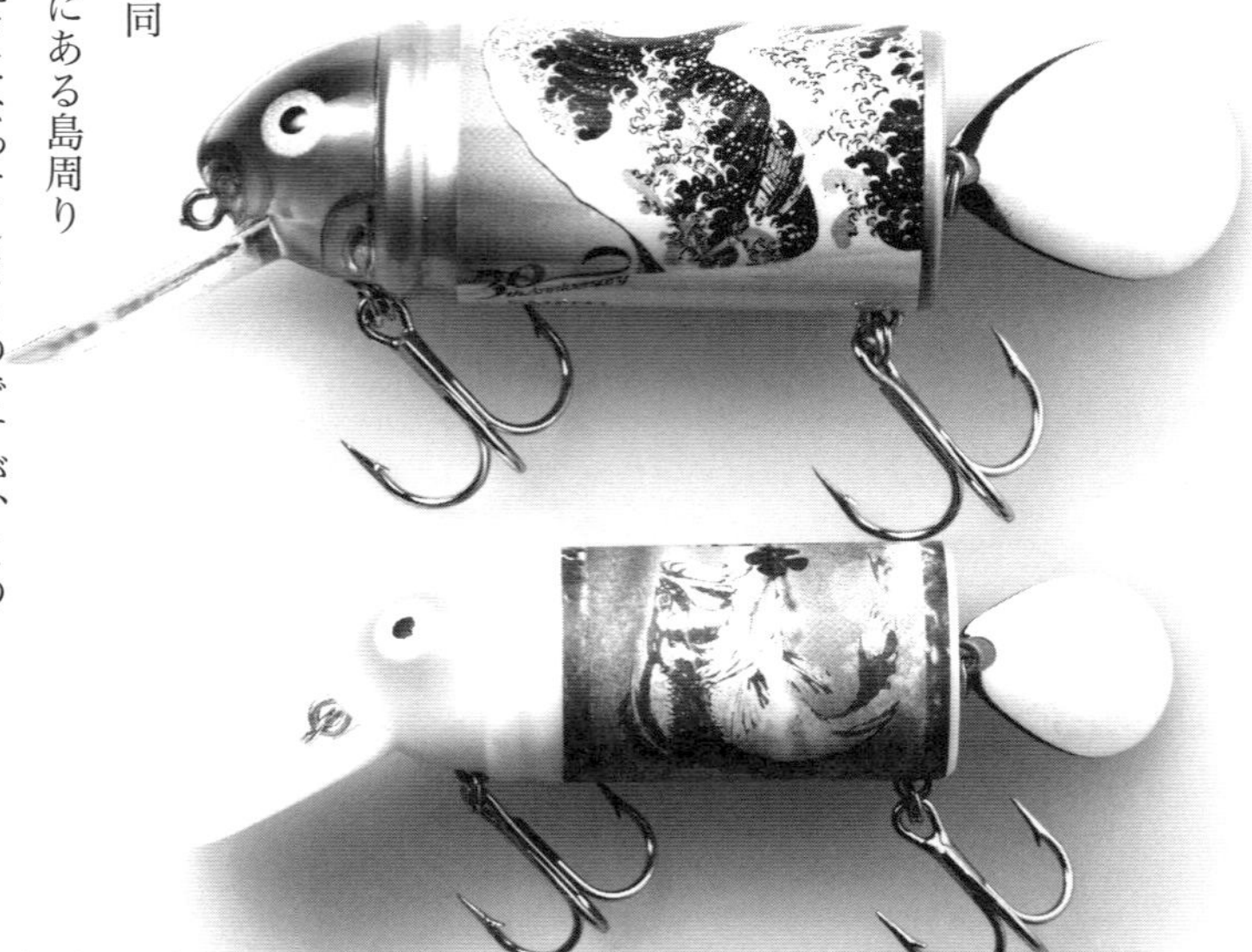

◎ベビーバドは日本発。
横山鉄夫さんがオリジナルを85%に縮小して原型をデザインした

時は水位が高かったので島になっていました。でも、岸側は水色が違っていて明らかにそこが馬の背であることが分かったんです。そこへビッグバドを大遠投してみました。しばらくポーズをとってリトリーブを開始したんですが、あまりに距離があって、いつものように速く引いてもビッグバドが沈んでくれません。テールのペラが水面を叩いてパシャパシャと音を立てながら、ルアーの後ろには波紋が伸びていました」

玉越さんの目には、その光景がミスアプローチに映った。

「これは遠くに投げ過ぎたな～と思ったんです。それでリトリーブを止めたんですね。そうしたら〝ドカーン！〟とすごい水飛沫が立ったんですよ。予想もしない突然の出来事だったので、ビックリして合わせを失敗してしまいました。それからですね。ビッグバドを無理に潜らせようとはせずに、ペラがボディと当たりながら水面で音と波を出すように意識したのは…」

それは、フィッシングプレッシャーの高い関東の湖でもモノを言った。

「芦ノ湖でもこんな経験をしました。いつものように昼からボートを出したのですが、突然の豪雨でボート屋に戻ることになりまして、それから2時間ぐらい待機していたんです。ようやく上がったと思ったら今度はベタナギ。湖面が気味悪いぐらい静まり返りました。すぐに亀ヶ崎へ直行、岬の右側の小さなブッシュにビッグバドをキャストしました。ロッドティップの動きだけで煽り、ルアーをその場で首を振らせると〝ガバッ〜〟と、水面が割れたんです。この時もビックリして合わせが遅れてしまたったんですが、この後トップで入れ食いになりました」

ビッグバドの使い手たちは多かれ少なかれ、同じような道を歩んできたのではあるまいか…。かく言う私もそのひとりで、水面で遊ばせることを覚えてから、いくつもの素晴らしい思い出を得ることになった。

とはいえあの造作…自分で経験してみなければ、なかなか信じられないのも、ビッグバドの哀しくて、でも愛しい運命なのである。

日本生まれの弟分が登場

やがて、ビッグバドは、ベビーバドという日本だけのオリジナルが生み出されることになる。スミスの要望で生まれたスモールサイズで、原型デザインはあの横山鉄夫さんだった。それは素朴なきっかけだったという。

「私たちが普段使ってるロッドは柔らかめのスローアクションで、オリジナルサイズのビッグバドを使うには別のロッドをもう1本積んでいかなければならなかったんですね。それで、ひと回り小さかったら使いやすいのになぁ…なんて話になったんです」

スモールバージョンが企画されたのは、釣り場の規模や魚のサイズが原因ではなかった。6〜6ft半のライトなスローアクションロッドに、8〜10ポンドラインを組み合わせる彼らのトップウォータースタイルが求めたのだ。

結局、横山さんの手で縮小率の異なる4モデルがデザインされ、その中からオリジナルを85%に縮小したものが採用となる。過去にもウーンデッドザラのように、既存のボディを活かしたオリジナルモデルの企画はあったものの、日本の要望で型から起こしたオリジナルのプラスチック製へドンプラグは前代未聞。日本のトップウォーターアングラーの熱意と情熱が本国を動かしたのだ。

ビッグバドには幾つかのフォロワーも生まれた。その代表はダイワ精工（現グローブライド）のドリンカーだったが、トーナメントアングラーやプロショップの手による高性能なカスタムモデルも多い。錚々たる手練達がそれぞれの解釈でビッグバドをベースに、強力なビッグバスキラーを生み出してきた。

いずれにしても、アメリカから遠く離れた極東の島国で、ビッグバ

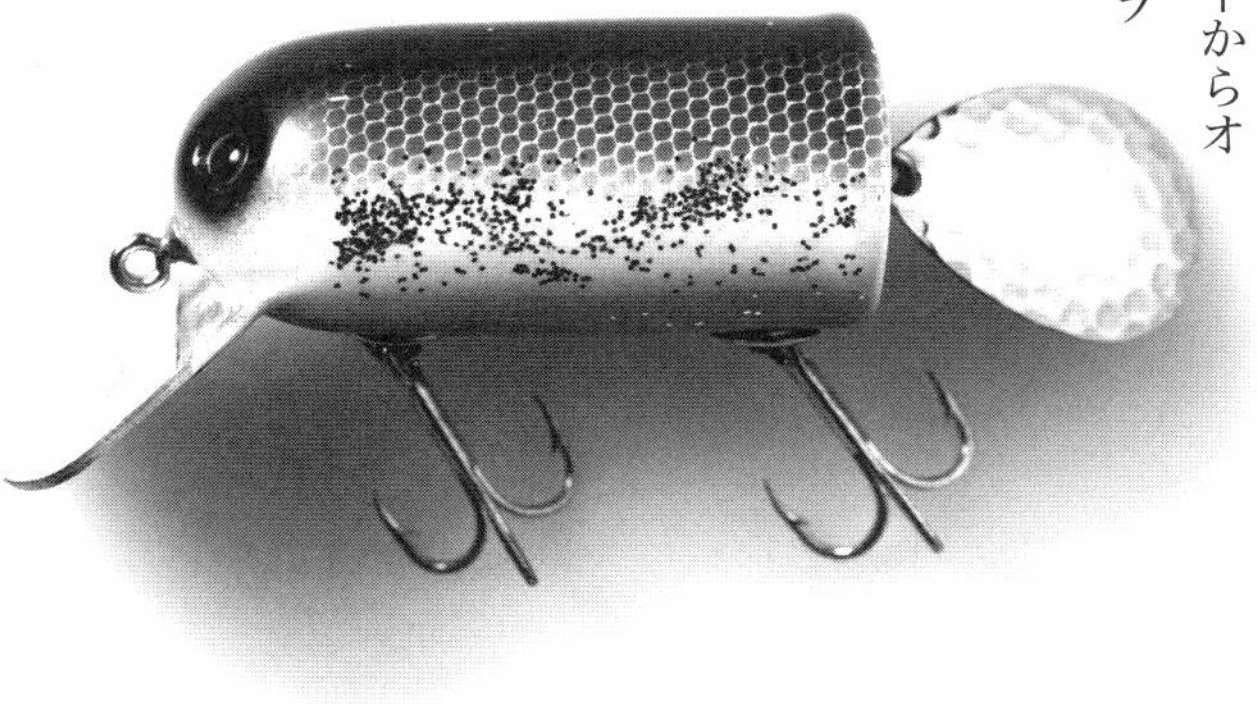

◎その後、ビッグバドの機能を分析、特化させたフォロワーが登場する。
これは BLCC の T-BUD

ドがこれほど愛され、独自の進化を遂げていることをあのアンハイザー・ブッシュの社長が知ったらどんな顔をするだろう…。ちょっと見てみたい気がする。

EPISODE 09

ミミズから小魚、ボトムから中層へ…。自由になったワームたち

・・・・・・・・・・スライダーワーム

湖底にミミズはいるか…

ワームというカテゴリーが日本に登場したのは、意外に古い。少なくとも、トップウォーターブームよりも前にメーカーのカタログには登場していたし、使い手たちも存在した。シニアアングラーの多くの記憶にあるジェリーワームやトーナメントワーム、スイートウイリーやディングアリングなどのデビューを待つまでもなく、クリームなどのブランドはデリバリーされていたのである。

しかし、私たちがワームという名の呪縛から逃れることのできない時代がしばらくの間続くこととなった。本来この名は芋虫などを指すのだが、アースワーム…つまりミミズの存在が当時のアングラーを支配していたのである。グラブを名乗るショートボディもあったけれど、多くは細長いシルエット。どこから見てもミミズだった。

しかし、実際に湖の中を地上のミミズがはい回るシーンがどれだけあるかと言えば、相当怪しい。私自身、某湖でバスの食性を調べて大学を卒業したクチだけれど、400尾ものバスの胃の中からミミズが出てきたことはない。

当時の雑誌には、増水時に湖畔から落下するとか、インレットで上流から流れ込むミミズが大好物だとか紹介されていたが、湖を取り巻く状況を考えれば、そんなことが起こるのは1年を通してもそう多くはない。つまり、バスの主要餌料にミミズは含まれないということになる。

　だが、ミミズのイメージでワームを使うわけだから、操作もその延長で行なわれることになった。つまり…バレット型のシンカーをワームのヘッドに合わせるテキサスリグにセットし、キャスト後、ロッドアクションで湖底を這わせる…。ウネウネ、モゾモゾと動かすのが最も効果的だと信じられていた。

　とはいえ、それなりの効果はあがっていた。なぜなら、ミミズのイミテートというコンセプトはどうあれ、使われ方はある程度、的を射ていたからである。当時、芦ノ湖などでバスの調査研究をしていた人々は、湖畔の岩陰に頭を突っ込んでは離れ、突っ込んでは離れ…を繰り返すバスを目にしている。

　それは、ヨシノボリやエビなど岩陰の小動物を好む習性が引き起こす行動だった。それを完全に模すには6インチのバルキーなワームはいささか大きかったけれど、バスの摂餌行動にはマッチしていたわけである。

　中には別の捉え方をするアングラーもいた。西山徹さんだ。彼は〝バスは上から目の前に沈んでくるものに強い興味を示す〟と主張した。特に細長いシルエットが効果的なのだと考えていた。ワームが釣れるのは特定のエサ、たとえばミミズに似ているからではなく、バスがもっとも魅力的に見える動きとシルエットを持っているからだというのである。

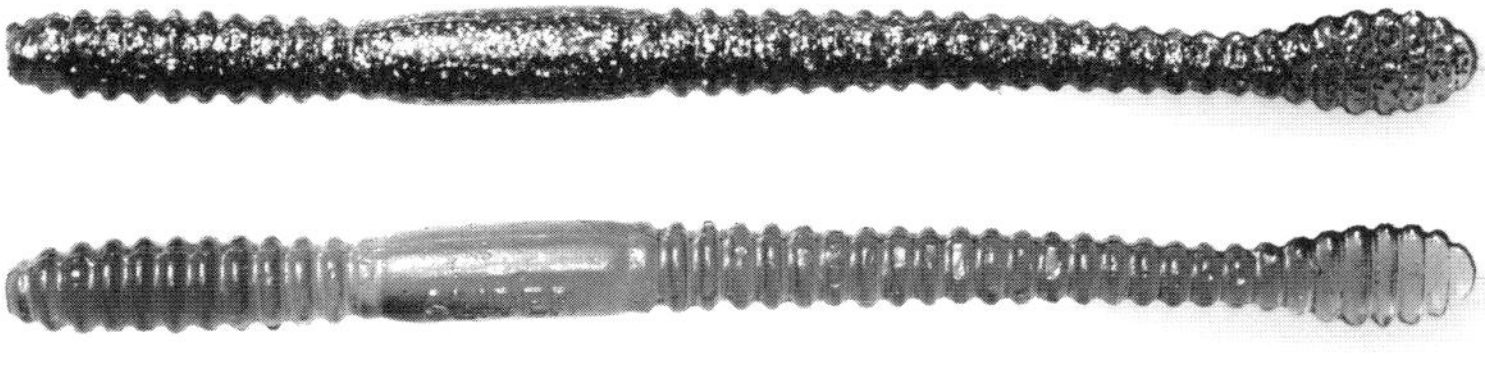

◎スライダーワームは極小のジグヘッドと組み合わされ、中層を自由自在に泳ぎ回った

しかし、バスの生態の理解が現在ほど深くなかった時代、そんなワームフィッシングにも誤解が多くあった。

もっとも多かったのがアタリのとり方と合わせ。バスが障害物や物陰を好むという性質は理解されていたものの、エサを獲ったバスはそれを巣に持ち帰ると思い込んでいた手練も少なくなかった。

その結果、アタリがあったらラインをフリーにしてどんどん送り込み、その出が止まったところで、一気に合わせよ！　などという記事が掲載されたりもしたのである。

そんなことをしていれば、バスはワームを放してしまうか、奥まで飲み込んで血だらけになりながら上がってくるかのどちらかである。

しかし、他魚種の経験を充分に積んでいた一部のベテランは、早くから現在に近いフッキングを体得していた。つまり、アイナメやカサゴなどを釣る時のタイミングがもっともマッチすると読んでいたのだ。

彼らの釣りはこうだった。キャストする。底をとったら、ラインを張ってロッドティップでワームを軽く小さく跳ねさせたり、這わせたり…。アタリがあったら、グッとテンショ

◎それまでの主流だった
6インチ以上のバルキーで
大柄なワームたち

ンがかかるのを一瞬待ってグイッとフッキング。現在のテキサスリグとほぼ同じ釣り方が確立されていたことになる。

ちょっと話が逸れるが、彼らの中には後にオリジナルのワームロッドを開発した者もいた。彼らが参考にしたのはやはりアイナメやカレイのサオだったという。

国産ではまったく先例のない時代。体験から求めたのは、バットがしっかりしていながらトップには食い込ませるための柔らかさと感度を備えたアクション。つまり根元がパワフルで極端なティップアクションである。とはいえ、それを当時のカーボン素材で再現するのは非常に困難だったという。そんなロッドを目指せば、当然ティップセクションに移る先端⅓あたりの部分で急にテーパーがきつくなるのだが、現在のように様々な弾性や伸縮性のカーボンシートが手に入るわけではないので、どうしても折れやすくなってしまったのである。

しかし、ワームというカテゴリーは不遇の時代が続いていった。トップウォーターブームの到来は同時にワームフィッシングの評価を著しく下げたからだ。つまり、ワームで釣るのは簡単…ワームで釣っても価値がない…という考えがはびこったのである。それはトーナメントが隆盛し、日本のバスシーンを席巻するまで続いていくこととなった。

小魚を意識したワーミングの登場

とはいえ、バスの生態に関する知識が充分でなかったから、ワームを使ったところでたくさんのバスを手にできたわけではない。なぜなら、基本的には岸際の障害物ねらいだったからだ。ブレイクラインの釣りさえ、ほとんどのアングラーは意識していなかった時代、ワームであっても、大岩の陰、倒木の脇、オーバーハングの下などに撃ち込んでいく、投げ込んでいくというスタイルが大半を占めていた。

しかし、そういったワームの流れががらりと変わる。ミミズから小魚へ…。ワームフィッシングの意識変革、いや革命である。

つまり、フォルムも動きも魚を意識したワームを使い、中層や表層近くまでをターゲットにする釣り。ミノープラグのような世界をソフトベイトで展開しようという新たなコンセプトだ。

何より一目瞭然なのはそのフォルムだった。それまで6～8インチが主軸だったワームのマーケットに、4インチというスモールサイズ、シルエットもすっきりと細いワームが次々と現れたのである。

この世界では、チャーリー・ブリュワーのスライダーワームが有名だが、ビリー・ウェストモーランドなどもライトリグの可能性を追求していて、日本では総称してスイミングワームと呼ばれた。スイミングと特記したあたりに、当時、ワームを〝泳がせること〟がどれだけ画期的だったかが分かる。

私がその威力を目の当たりにしたのは１９８０年代前半の河口湖だった。ある日、いつものように湖に出て昼食に戻ってくると、仲間たちの車が何台かボート店の駐車場に停まっていた。彼らも湖に出ているらしい。

夜明けに出て約半日。使っていたのは６インチのジェリーワームとスイートウイリー。お決まりのテキサスリグで岸辺の変化やシャローに点在する岩周りに落としていった。春浅い湖水はまだ冷たく、私とパートナーはそれぞれ5尾ほどのバスを手にしただけだった。

湖畔でランチをとっていると、ボートが1艘戻ってくるのが目に入った。見慣れたオリーブグリーンのフィッシャーマンズセーターに５０１。田辺哲男さんだった。同じクラブのメンバーだった彼は、アメリカへのバス留学から帰国、さまざまな新しいコンセプトやタックルを持ち帰っていた。

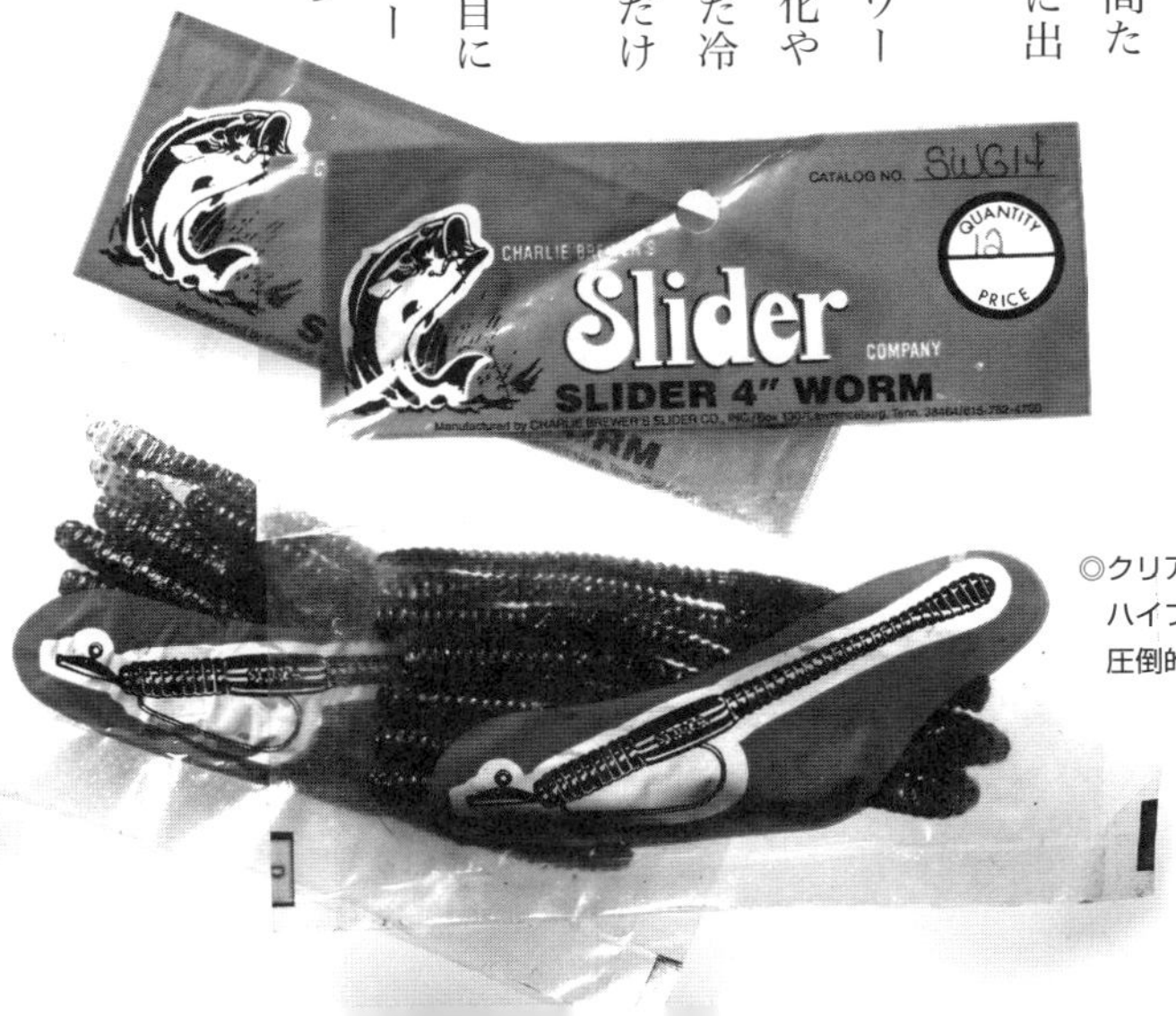

◎クリアな
ハイプレッシャーレイクでの
圧倒的な効果に誰もが驚いた

声を掛けると、いい釣りができたと満面の笑顔。もちろんリリースしているからバスを確認することはできなかったが、彼が口にした数は私たちの10倍近かった。息を呑んだ。

「えっ？　何を使ってそんなに…」と目を丸くする私たちに、彼はさらっと答える。「ワームだよ。ワーム」。当然、こっちの頭にはいつもの〝あの〟ワームとリグが浮かんだ。

もちろん、プロトーナメントも今のようなバスプロも存在しない時代。仲間内でも、横浜にすごいやつがいる…という話は流れていたものの、同じ湖で同じようなワームを使い、こんなに差が出るものか…。衝撃だった。あまりのショックに、パートナーと「ワームだってさ、じゃ午後もワームでがんばってみるか」と言葉を交わしながら引きさがるのが精いっぱいだった。

しかし、この時、彼の手にはすでにジグヘッドと4インチのワームがあったのである。後日、私はそれを知ることになるのだが、この時は想像もできなかった。ワームと聞いた段階で、私たちと同じように6インチ程度のワームをテキサスリグなどで使っているのだろうと早合点したのである。彼も隠したわけではないだろうが、こっちがあまりのショックにそれ以上問い質さなかったので、話が尻切れトンボになっただけ。もちろん、その午後、私たちは午前と同じような釣果で釣りを終えた。

やがて、スイミングワームの噂はあっという間に広がり、多くのアドバンスドアングラー

◎1/16 oz 前後の軽量なジグヘッドは、
日本のバスフィッシングシーンを大きく変えた

が試みることになる。

　後年、彼がライトリグとの出会いを語ってくれた。

「最初はカリフォルニアのレイクだったんだよね。フラッタークラフトの細い4インチのカーリーテールと1/16ozのジグヘッド。それで中層を引くわけ。まさに今のミドストの原型だよ。ハイプレッシャーのクリアレイクで多用されていたんだけど、試してみたら〝こりゃヤバい!〟って思った。その効果にびっくりしたんだ。日本に帰ってきて試したんだけど、期待どおりだったよ」

　私が見たのはその頃だったのである。

　ちなみに、スライダーワームにはフックとウエイトが一体化したフラットな形状のスライダーヘッドが用意されていたが、一般には現在でも見られるようなオープンエクスポージャーのさまざまなジグヘッドリグが流通していく。いずれも、自然な姿勢でワームが泳ぐように、ロッドアクションを阻害しないように、従来のワームフックより細軸のファインワイヤがおごられていた。今となってはごくありふれた形式だが、当時はそれも新鮮な驚きをもって迎えられたのである。

　また、チャーリー・ブリュワーはこの釣りに、テネシーグリップと呼ばれるリールシートを用いないシステムを愛用し、それを採用したスライダーロッドもリリースしていた。

筒状のコルクやフォームラバー、グラファイトシートなどのグリップに布状のテープでリールの脚を直接固定するこのスタイルは最近見かけなくなったが、当時はライトリグの流行と共に先鋭的なアングラーのマストアイテムとなっており、各社が対応モデルを発表していた。

池原ダムの日暮れ

しばらくして、私はこの手のワームのさらなる威力を知ることになった。この時も田辺さんと一緒で、場所はあの池原ダム。しかし、この湖もすでにピークを過ぎて、往時のような強烈な釣りは味わえなくなっていた。

1日の釣りを終えてスロープに戻った田辺さんと、ひょんなことから、ちょっとした勝負をすることに…。負けたほうがコーヒーを…というやつである。これ、すごく釣れるんだぜ、と言いながら彼が持ち出してきたのがライトアクションのスピニングロッド。この時はジグヘッドではなく、今で言うスプリットショットリグが設えられ、彼が日本に紹介した前出のフラッタークラフトのワームが付けられていた。

「これで交代しながらキャストするってのはどう？　ひとり10投してたくさん釣ったほうが勝ち」

あのはにかむような笑顔。まぁ、こちらに勝ち目はなかったが、スロープからの岸釣り…。ひょっとしたら？　なんて色気も手伝って、その話を受けることにした。

最初は私。スロープの脇の急なカケアガリに見え隠れする水中の障害物周りにキャストし、ラインを少しだけ張ったままフォールしていく。ククッと明快なアタリがあって、軽く合わせるといきなり絞り込まれた。ライトなロッドだから楽しいのなんのって…。それは、30㎝半ばのコンディションのなかなかいいバスだった。次は田辺さん。それにも同じようなのが食った。交代して私がキャストするとまたヒット。次もまたヒット…。

結局、この後7連続でバスが食った。8巡目に私がミスしたが、ふたを開ければ7対9で田辺さんの勝ち。つまり1投目から14キャスト連続でヒットしたことになる。「すごいでしょ…」。田辺さんはそう言って笑った。

トップウォーターで入れ食い…なんて時代はとっくの昔。関西のシニアアングラーが、シェイドパターンなど当時の先端のコンセプトをここで試し始めた頃だ。もちろん、池原ダムでライトリグを試した者は少なかったに違いない。そんな状況で、たまたまそのスポットに多くのバスが集まっていたのかもしれないが、それを差し引いても、まるで根こそぎにしてしまいそうな威力を目の前にして、ただ唖然とするだけだった。今思えば、それを伝えたくて彼はあんな勝負を持ちかけてきたのかもしれない。

◎スクリューシートもリングもついていないスタイルは、
テネシーグリップと呼ばれた

しかし、当時あれほどの衝撃を受けた背景には、もうひとつの理由があったような気もする。それは〝ミミズ〟という存在のあまりの大きさ。少なくとも私たちが子供の頃、つまり1960年代までは、釣りというとミミズだった。名人上手やベテランマニアは別として、子供が釣りをしたい、釣りに行きたいと言えば〝竿とハリとミミズを持っていけ〟というのが常識で、マスだろうが、フナだろうが、ハヤだろうが、ハゼだろうが、フッコだろうが東西南北、海も川も湖もとりあえずミミズだったのである。

釣りシーンのスーパースター、IPS万能細胞だ。だから、強烈なインパクトで刷り込まれていて、誰もがその呪縛に囚われていたのかもしれない。

草創期には、多くのアングラーにとってなかなか釣れない魚だったバスを、誰でも楽しめる身近な遊び相手にしてくれたのが、このスイミングワームの登場と、それに続くグラブの流行であることは間違いない。

雑誌の記事でしか見ることのできなかったあのヘッドシェイクや強烈な突進を、誰でも味わうことができるようになったからこそ、その後のバスブームやトーナメントの隆盛がやってきたのだ。

とはいえ、それと引き換えに釣り場の疲弊も格段に早くなっていった。急増するアングラーに、進化するテクニックとタックル…。その結果、沈黙するバスレイクが続出する。

キャッチ&リリースを前提とした釣りであっても、魚にかかるストレスは私たちの想像をはるかに上回っていたのである。

ほとんどの湖で公的な管理をのぞめない日本では、釣り場のクオリティを保つためにできることは限られていた。アングラーがフィッシングプレッシャーと釣り場のクオリティの関係に気づき始めたのも、実はこの時代だったのだ。

EPISODE 10

ジャパンオリジナルの情熱と誇り

…………バルサ50

クランクベイトの皮をかぶったトップウォータープラグ

クランクベイトといえば、ビッグOの名を想い浮かべるアングラーは多い。1967年、テネシー州のフレッド・ヤングがリリースしたバルサ材のハンドメイドプラグだが、強烈な浮力とクランクを伴った潜行力がもたらす効果が口伝えで広がり、一大ブームとなった。あまりの人気に生産が追いつかなくなり、コットンコーデル社がプラスチック化して大量生産を実現、日本でもデリバリーが始まった。

この後、品名にアルファベットひと文字を付けたフォロワーが次々と現れたため、同系のルアーはアルファベットルアーと呼ばれることになる。ちなみに、ビッグOについては、オーディスというヤングの弟がその名の由来だという。オーディスは大男だったため、〝ビッグO〟となったのだとか。

さて、このハンドメイドプラグに関する顛末はさまざまなメディアが紹介しているのでそちらにおまかせするとして…。

バルサ材。クランクベイト。ハンドメイド。日本でほぼ同じコンセプトのもと、産み出されたのがバルサ50だ。その名は完成までに要す

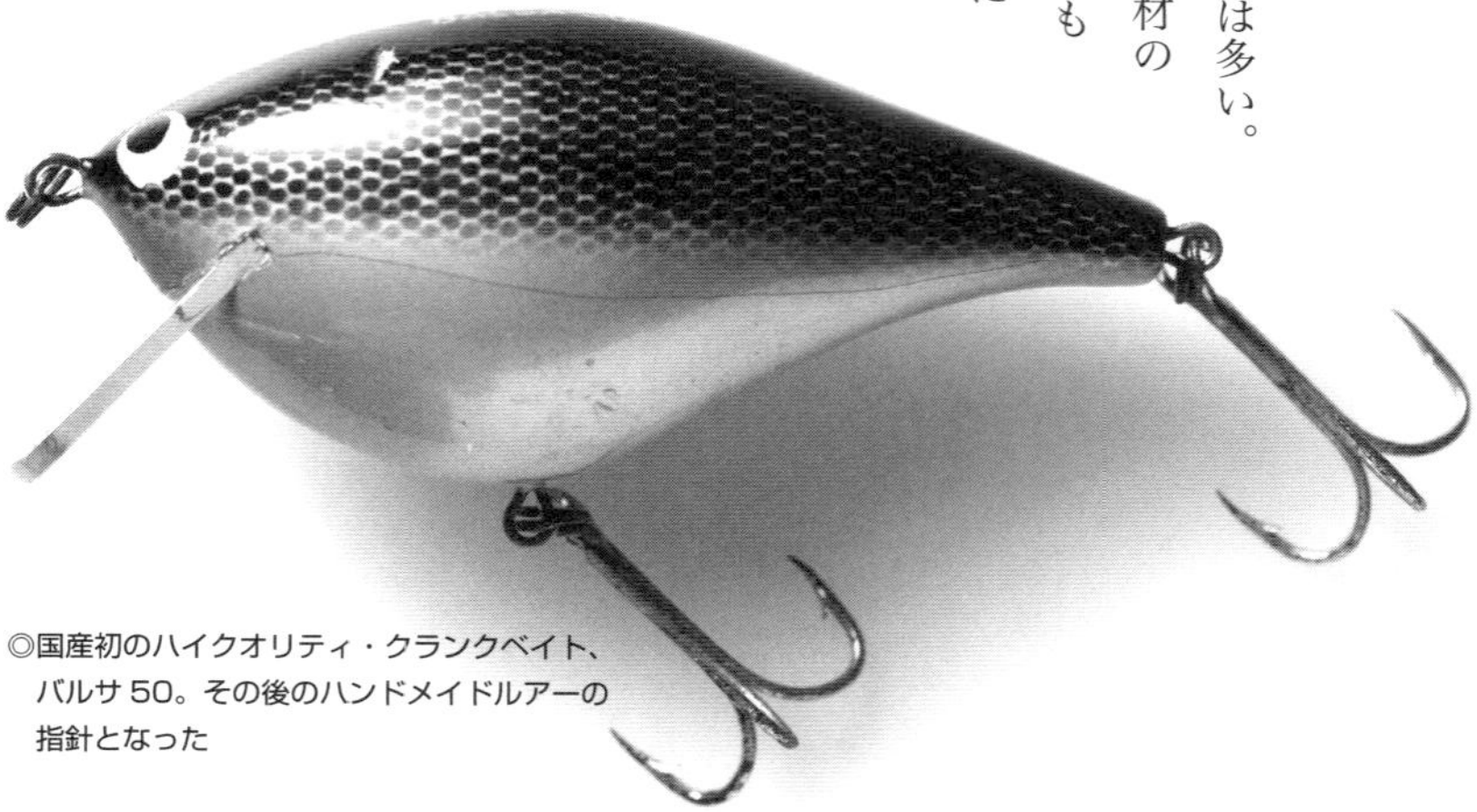

◎国産初のハイクオリティ・クランクベイト、バルサ50。その後のハンドメイドルアーの指針となった

る50工程に由来し、機能やデザインは当時のオピニオンリーダーたちによって煮詰められた。世に送り出されたのは1976年。まさに第一次バスブームの真っただ中である。

それまでも、あのレイクラウンドのように国産のハンドメイドルアーは知られていたが、バルサ50はそのクオリティの高さと、当時としてはかなりの高額だったことで垂涎の存在となったのだ。

しかし、そのプロデューサーが則弘祐さんやその仲間たちであったこと、そして当時としては他に類を見ない優れたイメージ戦略、広告展開の存在があったことも見逃すことができない。そこには、山田周治さんをはじめとする当時のわが国を代表する第一線の広告クリエーターが関わっていた。今でこそブランドという言葉が闊歩し、ブランディングの重要性が語られているが、あの時代に釣り具に関して、きっちりとそれがなされたことは特筆に値する。

さて、そのシェイプはビッグOのようなクランクベイトそのものであったが、目的は異なっていた。本家は、基本的にファストテーパーのベイトロッドでスポットに向けてキャストしたらロッドティップを下に向けてリーリング開始…つまりアンダーウォーターのプラグだ。しかし、バルサ50は、その機能を持ちつつ、明らかにトップウォーターを意識している。少なくとも最大サイズの「オリジナル」はそのためのルアーだった。

まもなく満を持してニューファミリーと称する4種のトップウォーター専用プラグが発表される。それは、ペンシルベイト、シングルスイッシャー、ダブルスイッシャー、ポッパーというトップウォータープラグの基本的なカテゴリーに従っていたが、その分類さえ彼らが生み出したものだった。現在に続く、この国のトップウォーターバスフィッシングの主な骨格は、この頃にほぼ完成したといっていい。

ちなみに、当初このルアーの製造を担っていたのが西岡忠司さんで、埼玉県深谷市の葱畑の中の工房で生み出されていたのは有名な話だが、彼はその後ウッドクラフト作家に転身、今も精力的に活動を続けている。

クランクベイトに不可欠な高浮力を得ようとすれば、柔らかな高品質のバルサを使うことになる。しかし、一方で釣り場での強度に不安が残ることとなり、強固な塗膜で護らざるを得ない。塗装を厚くすれば強度が上がるが、せっかくの浮力が殺されてしまい、浮力を活かすために薄くすればミスキャスト一発でお陀仏になる。

どのあたりに落とし所を見出すか…ハンドメイドプラグにおける永遠の課題に、もっとも早くぶち当たっていたのがバルサ50だった。

商品化ののち、塗膜の厚さや素材が何度か変更されているが、こういった試行錯誤が後に続くビルダー達の指針となっていったのは言うまでもない。

日の出ずる国のバスフィッシング

現在の日本のバスシーンの原点が1970年代にあることは論を待たない。その原動力であり、中心であったのは、則さんやその仲間たちだった。

則さんは、代表的なアメリカンカルチャーのひとつ、バスフィッシングを日本に広めたパイオニアではあるが、アメリカという国そのものへの想いは複雑だったのではないかと私は感じてきた。則さんと過ごした時間の中で、諸手を挙げての米国礼賛ではない匂いが漂うことがあったからである。その話は、別の場でも触れたことがあるのだが、バルサ50を語る上でどうしても逸れることはできないのでご勘弁いただきたい。

則さんとの酒席で、私が若い頃にアメリカでマナー違反を犯してしまった話を漏らしたことがある。フロリダ州タンパのイタリアンレストランでパスタを食べた時、うっかり音を立ててしまい周囲から冷たい視線を浴びたのだった。

するとニヤリと笑って、「そんなの気にすることないんだよ…俺たちは蕎麦食ってる民族なんだぜ。いいんだよ。スパゲッティだって思いっきりせせって食えばいい

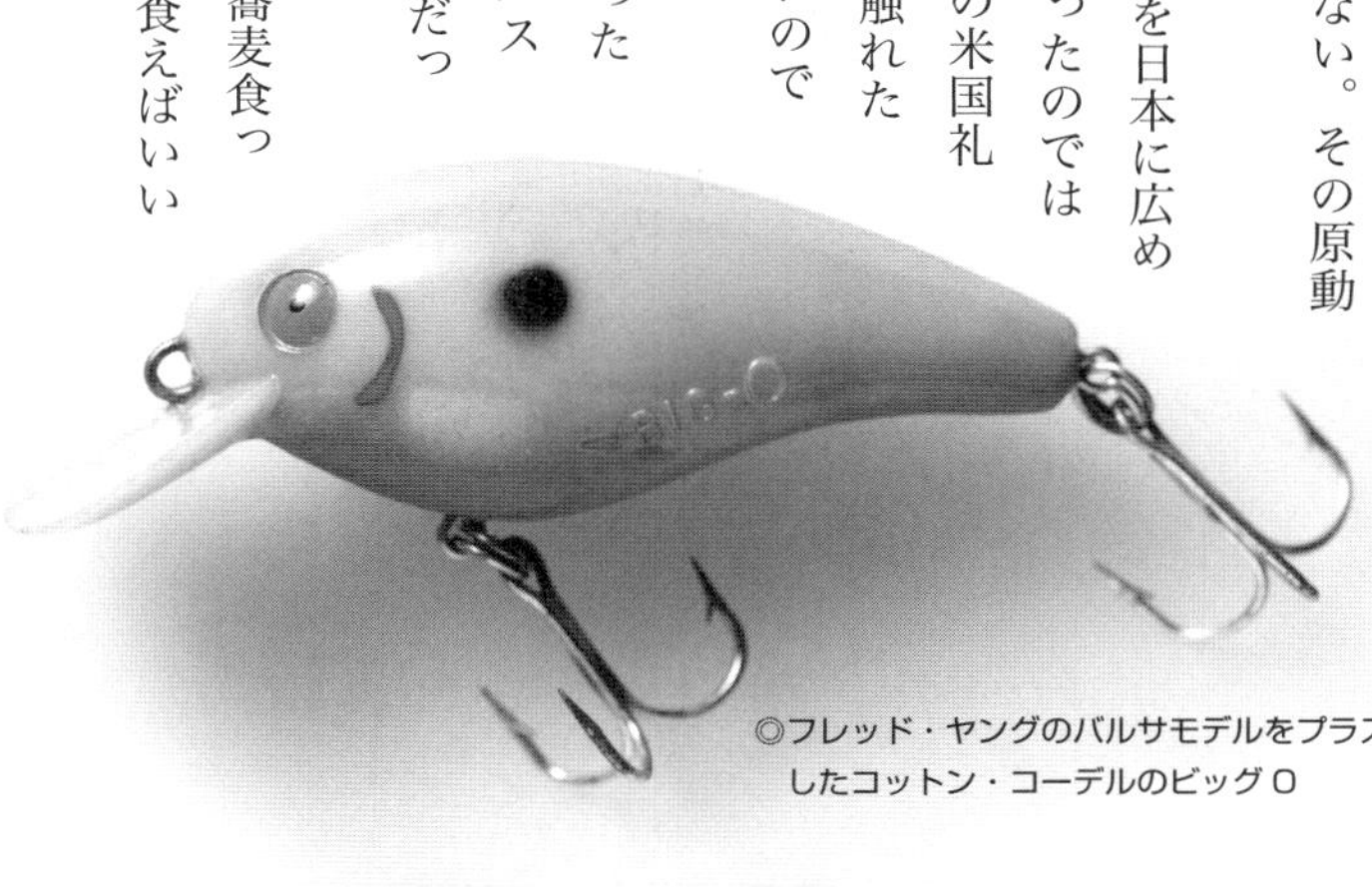

◎フレッド・ヤングのバルサモデルをプラスチック化したコットン・コーデルのビッグO

んだよ」と、私に杯を勧める。「あいつらだって日本に来てこっちに合わせてたか？」。少し目が大きくなった。

そのしばらく前に聞いた話が頭を過る。「あいつらさ、戦後、箱根にジープでやってきてワイワイ騒ぎながら、機関銃で鹿を撃っちゃうんだぜ。国立公園も法律も関係ないんだよな。警察も見て見ぬふり。戦争に負けるってこういうことなんだと思い知らされたよ」。

芦ノ湖の釣りをこよなく愛した則さんが目の当たりにした現実。アメリカという国への複雑な想い。考えれば、当時は終戦からまだ20年足らずという時代だった。別項でも触れたが、80年代初頭でさえ、スミスのスタッフがへドン本社を訪ねた際、旧日本軍と戦ったことのあるスタッフが顔を強張らせたという。戦争の傷はまだまだ癒えていなかった。

則さんにバスフィッシングを教えたアメリカ人、チャールズ・ロックハルトの話も何度か聞いた。相模湖で出会い、ルアーをもらったこと。箱根や銀山湖で一緒にキャンプ&フィッシングを楽しんだこと。

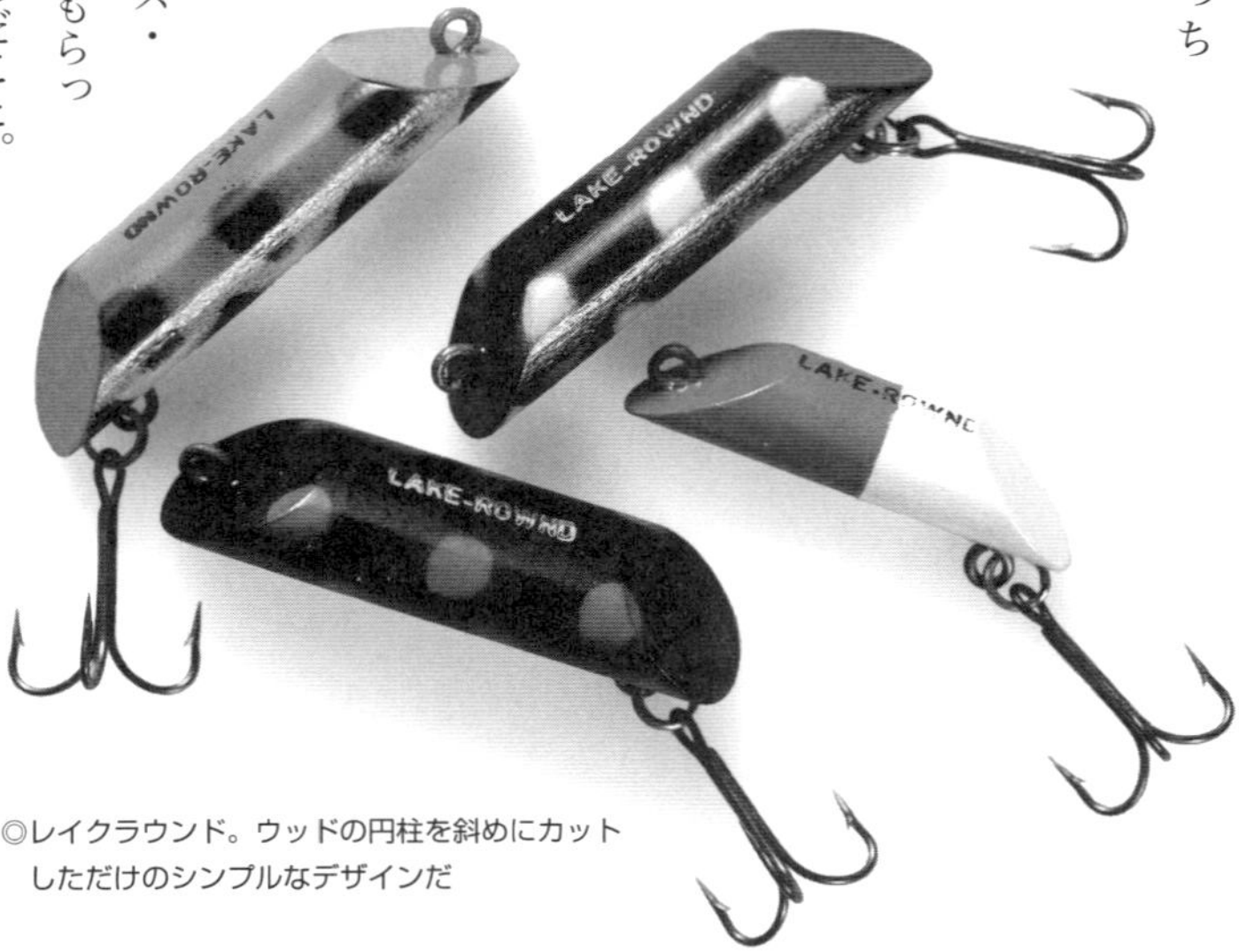

◎レイクラウンド。ウッドの円柱を斜めにカットしただけのシンプルなデザインだ

「不思議なんだよな。なんで見ず知らずだった日本の若造をあんなに可愛がってくれたんだろうって…分からないんだよ。なんでチャーリーが流暢な日本語を話せたかも分からない。で、あんなに親しくしていたのに、何も言わずに突然姿を消したんだ。それっきりだぜ」。そして、俺はチャーリーが米軍の諜報関係の人間じゃなかったかと思ってるんだよ…と続けた。まぁ、どうでもいいんだけどな…そう言ってまた酒をあおる。

いつだったか、それを思い出して提案したことがあった。

「テキサス出身だってことは確かなんですよね？　だったら、彼を捜しに行くって企画は面白くないですか？　会ってみたいでしょ？」

あの威勢のいい則さんが急に歯切れを悪くした。

「まぁ、そりゃそうだけどさ。もう生きてないかもしれないしなぁ」

「それだっていいじゃないですか。ロマンのある話だと思いますけどね」

「三ちゃんはそう言うけど、捜すあてもないしさ…」

「在日米軍とか大使館に頼めば追跡調査してくれるんじゃないですかねぇ？」

でも、則さんは煮え切らなかった。妙な空気で話はそのまま尻切れトンボ。

何か知りたくないこと、見たくないことがあったのだろうか。いや、それは敢えて触れずにそっとしておきたかったのかもしれない。

兄のようでも父のようでもあったチャーリーへの思慕と戸惑い、それはそのままアメリカという国への想いでもあったのだろう。ちなみに則さんは先の大戦における米軍との戦闘で親族を失っている。

１９７０年代、バスブームの最中、則さんは国産のバスタックルやルアーへの期待を何度も口にしていた。バルサ50はもちろん、スーパーストライカーやＢＭシリーズ、スピードスティックへの想いや期待をメディアで明らかにしていたが、その背景にはこの複雑な想いがあったのではないかと思っている。

自らリリースした商品に明記したＮＩＰＰＯＮの文字についても問いかけたことがある。すると彼は、ＪＡＰＡＮっていうのは勝手に付けられた名前だぞ…と笑った。欧米人がこの国を指すＪＡＰＡＮという呼称よりもＮＩＰＰＯＮを深く愛していた。

本国アメリカを〝超える〟モノ創り。ＮＩＰＰＯＮのバスフィッシング。それは、対抗心などという安っぽいものではない。日本のアングラーとしての意地と、この遊びを教えてくれたチャーリーやアメリカという国への恩返し…そんな複雑で熱いものが彼をつき動かしていたのだろう。

コーチドッグ、フロッグ、レッドヘッド、そのどれもがアメリカンルアーの代表的なカ

◎バルサ 50 のスモールバージョンとして登場したベイブ

ラーだが、バルサ50のそれはアメリカ製とは比べ物にならないほど美しかった。パーツ類の精度、華やかさも然り。釣るだけではなく、所有し、傍らに置いて共に時間を過ごす悦びも追い求めていたのだ。

ちなみに、彼や仲間達が編み出していったトップウォーターバスフィッシングは、日本のオリジナルと言っていい。前職時代、取材で何度もアメリカに出かけたが、スローテーパーのベイトキャスティングロッドで5/8ozクラスのビッグプラグをキャストし、水面でのみ泳がせる…そんなスタイルを貫くアングラーにアメリカで出会ったことはない。チャーリーから教わったバスフィッシングを、もっと楽しく、もっと豊かに味わうために彼らが醸成させた世界なのである。

彼の晩年を知る三好健太郎さんはこう語る。

「やっぱり、最後までバルサ50オリジナルをいちばん大切にしていましたよね。いろいろな意味で則さんの原点だったん

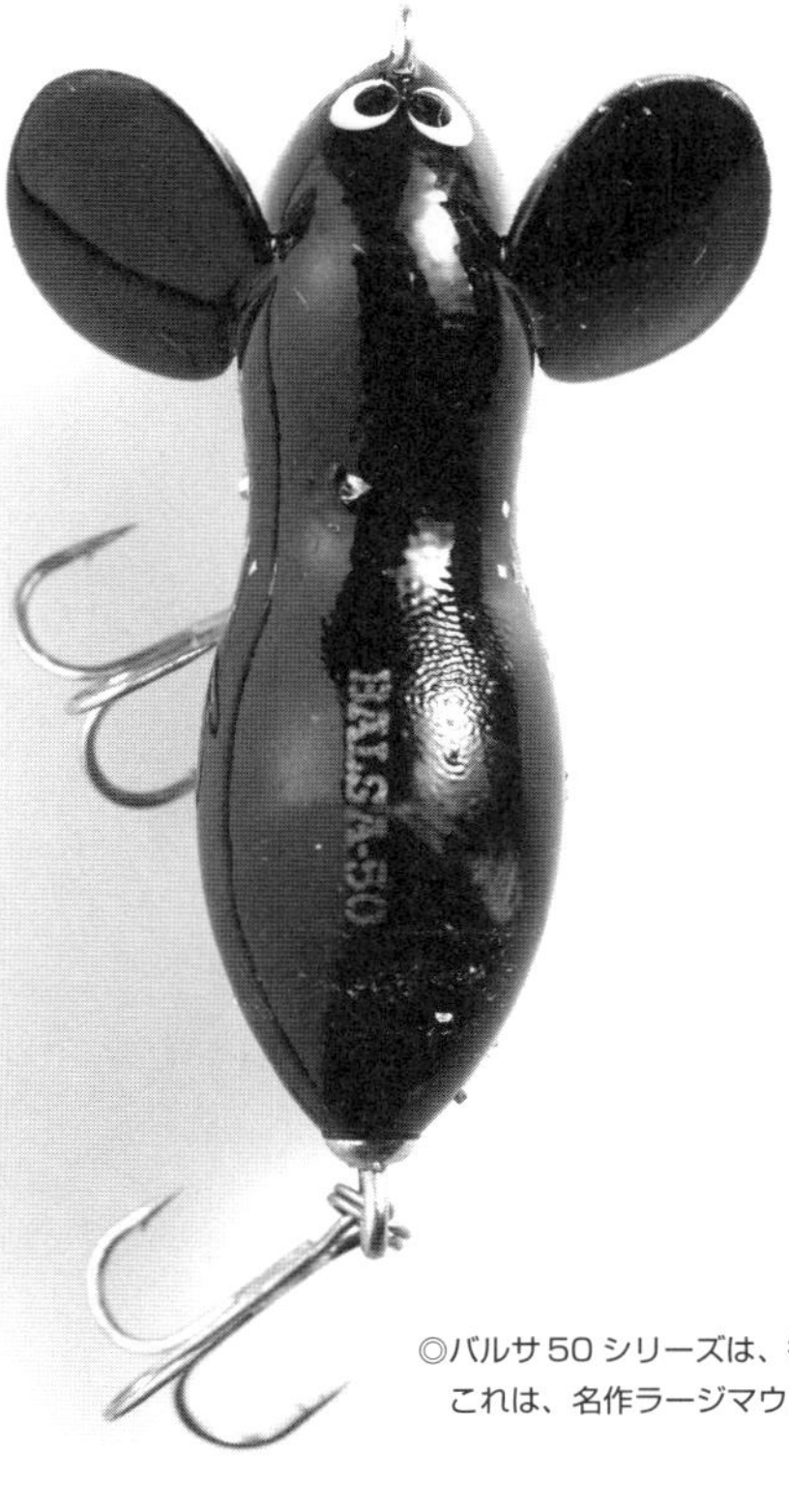

◎バルサ50シリーズは、後に多彩な展開を見せる。
これは、名作ラージマウス

だと思います。とにかくかっこいいことが好きな人でした」。以前、山田周治さんも同じことを口にしていた。「最初に会った頃から、おしゃれで、何ごともきれいじゃなきゃだめだったんだよね」。

三好さんの印象に残っているのは、則さんの遊びや余暇に対する姿勢だったという。

「タックルにしてもルアーにしても、〝ただ持っているだけで意味があるのか！〟と問いかけられました。決して、コレクターを否定しているわけじゃないんです。それはそれで釣りの楽しみですから。でも、則さんはそういう楽しみ方はしませんでした。だから、釣りにしても音楽や酒にしても同じようなことを問われました。それとどう関わってどう過ごしているのかと。〝そのどこにお前は存在《いる》んだ！　お前の中にそれはちゃんと存在するのか！　そこにお前はちゃんと存在《いた》のか！〟　って、毎日のように言われていました」

則さんの口癖のひとつが「1匹の魚とどう関わるか…」だったが、これは彼自身に向けられた言葉でもあったような気がする。5/8ozの大きなプラグを水面で操り、気難しいバスを誘うという遊びは、そのまま、価値観や生きざまを、釣りというフィルターを通し

◎同じ頃に登場した鮎川信昭さんのエッグベリー。独特のアメリカンな雰囲気が人気だった

て自分に問いかけることを意味するからだ。釣りという遊びはその人物を丸裸にしてしまうが、縛りが多いほど、それは明らかになる。トップウォーターのように制約が多い釣りは、誰もが自分をさらけ出すことになる。もちろん、彼はそれが分かっていたのだろう。

それにしても、怖い遊びを広めてくれたものだ。

2010年7月。彼は突然世を去った。三好さんは則さんの物作りの姿勢をこう回顧する。「スタンダードになるものを作らなくっちゃだめなんだ…といつも言っていました。突飛なものは長続きしないんだ…でも、仮にその時理解されなくても、完成度が高いものをきちんと作っていればスタンダードになれるんだと…」

こんな時、テレビや新聞はよく〝ひとつの時代が終わりました〟などと言う。しかし、1970年代に彼らによって産声をあげたこの国のバスフィッシング文化は、さまざまな形に姿を変え、今もなお息づいている。

そして、日本のタックルはバスの故郷アメリカで高い評価を受けるまでに進化した。多くのプロが日本のルアーやリールの動向に目を光らせ、自らの戦略の中心に組み込むようになっている。誇らしいことだ。あの時代の情熱や試行錯誤が、まさに大きな花を咲かせたのである。

バスフィッシングの先達が世を去る度に、中国の諺を思い出す。
曰く「飲水不忘挖井人」。
そう、水を飲む時、私たちは井戸を掘った人を忘れてはならないのである。

EPISODE 11

"釣れる"バスフィッシングはここから始まった

…………ゲーリーヤマモト

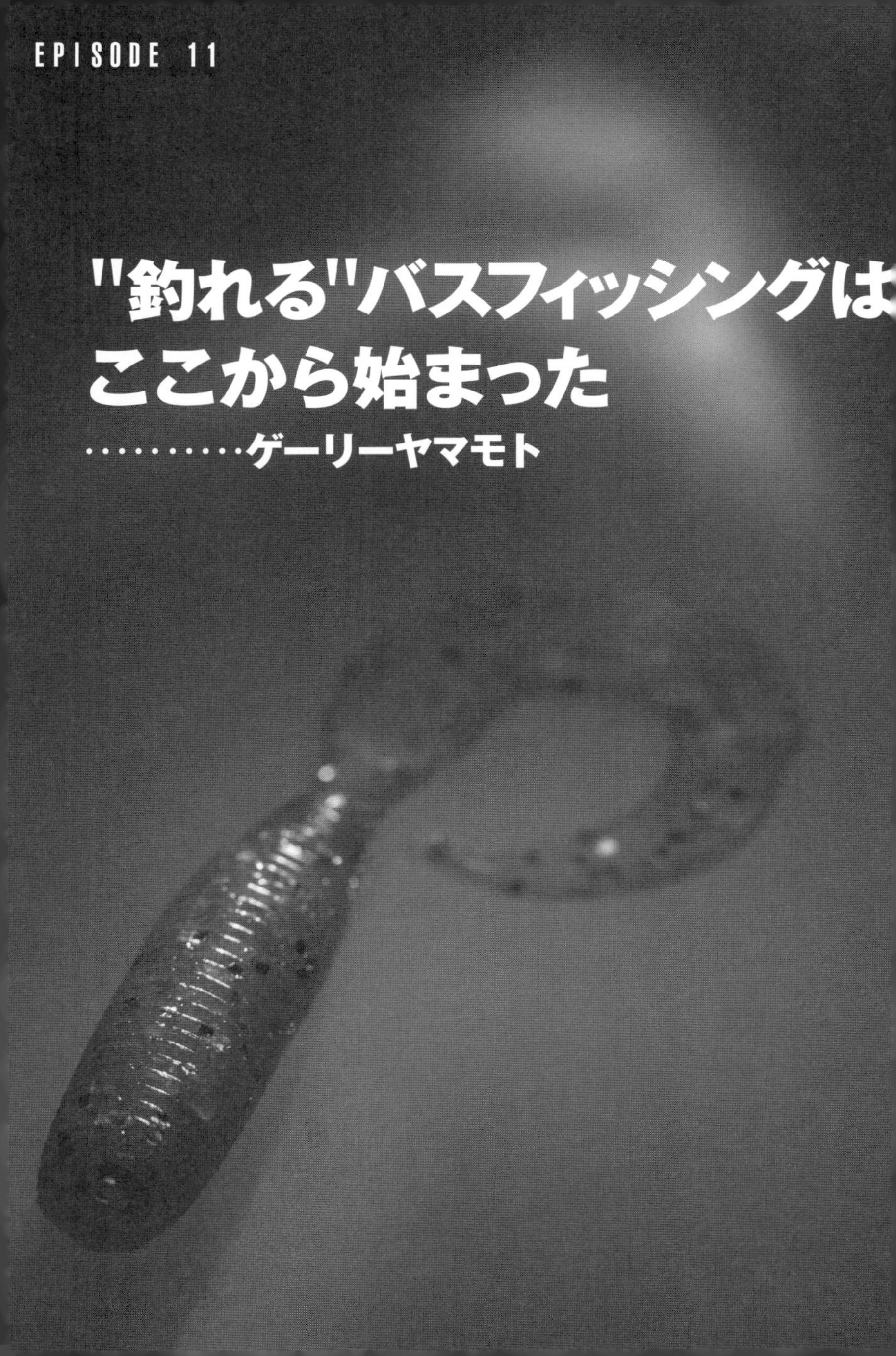

スタンダードになることの難しさ。

ルアーの世界で、スタンダードになるというのは並大抵のことではない。新たにリリースされたルアーが10年後も同じように店頭に並んでいる光景はそう多くないし、20年後を想像すれば、それがいかに難しいことかは容易に想像がつく。ヘドンのラッキー13やラパラのような存在は極めて少ないのである。

最初のバスブームが起こった1970年代半ばに各メーカーのカタログを飾っていたルアーのうち、今もなおフロントを飾っているのはいったい幾つあるだろう。

フライフィッシングに比べ、いや、他のほとんどの釣りと比べても、流行り廃りが激しいバスフィッシングでは、さまざまな要素を高い次元で解決していなければ長寿商品となるのは難しいし、ましてやスタンダードなど夢のまた夢だ。特に、釣りメディアが先鋭化し、情報が豊富に飛び交うこの国ではこの傾向が顕著なのである。

ゲーリーヤマモトのソフトベイトは、そんな稀有な存在のひとつだ。別項でも触れたように、グラブというカテゴリー自体は、さほど新しいものではない。ゲーリーヤマモトのはるか昔に日本でも紹介されていたし、店頭でも目にすることができた。ただ、その特性や使用法がきちんと理解されていなかったために、釣り場で使われることは多くなかったのである。

タックルボックスに忍ばせていたアングラーもいるが、せいぜい短めのワームという捉え方で、ヨーヨーフィッシングなどと呼ばれた、ポイントの真上から降ろして湖底近くで上下させる…という程度のイメージしか持たないケースが多かった。中には、そのこぢんまりとしたフォルムに注目して、バスがワカサギを食うシーズンにパールホワイトのグラブを使ったり、アシ際でエビのように踊らせたりするシニアアングラーもいたが、やはりごく少数。

そこに現れたのがゲーリーヤマモトだった。とはいえ、グラブという名を語ってはいても、ゲーリーヤマモトという新たなルアーのカテゴリーが登場したといったほうが正しい。素材をはじめ、あらゆる部分にオリジナリティが満ちていて、グラブというルアーの認識を一新してしまったからである。

少なくとも、日本においては話題になることも、ショップのセンターを飾ることもなかったこのカテゴリーが〝ゲリヤマ〟の登場で舞台のセンターでスポットライトを浴びることになった。その後のブームはご存じのとおり。あまりの人気に供給が追いつかず、納品を求めるショッ

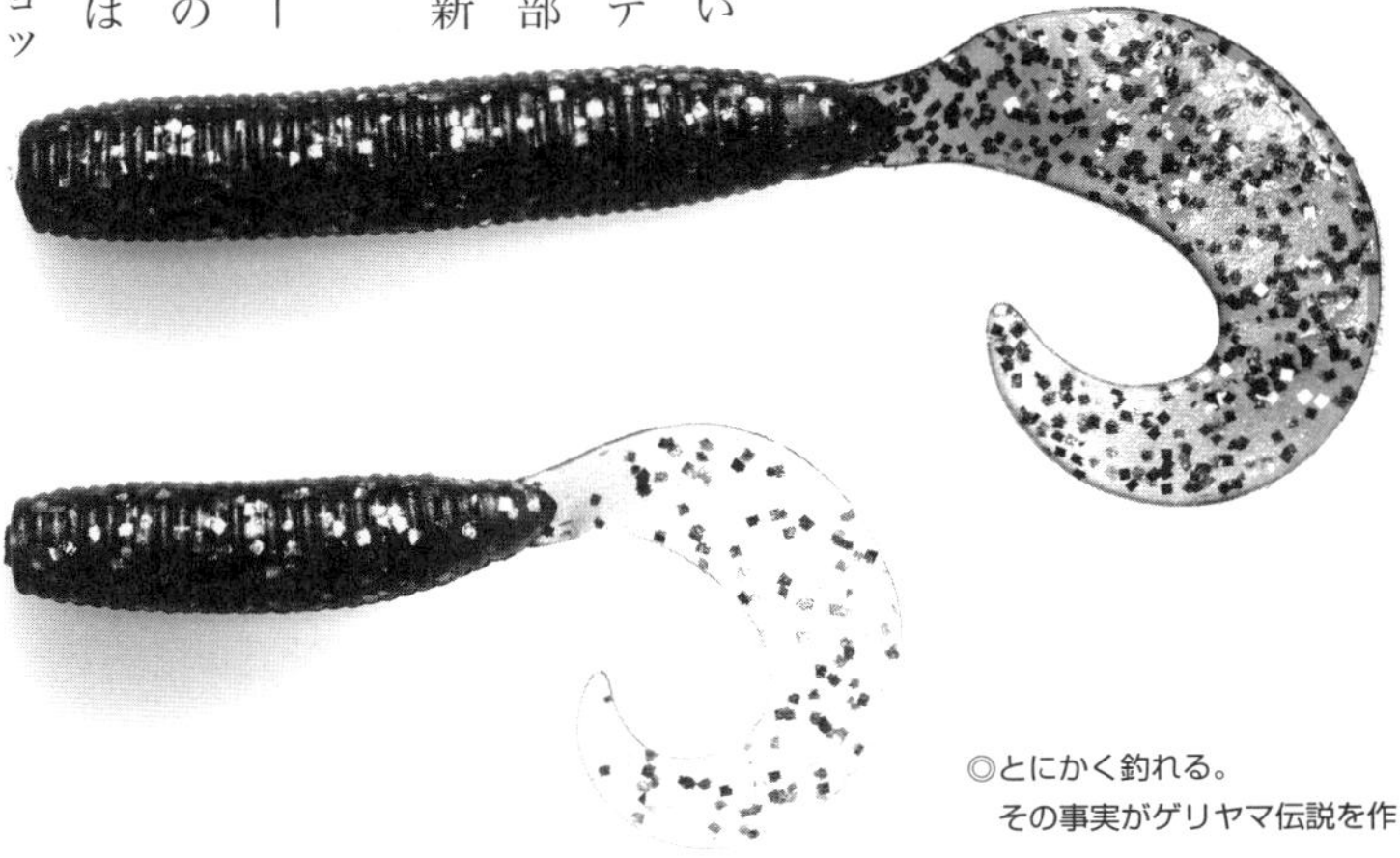

◎とにかく釣れる。
その事実がゲリヤマ伝説を作った

プのオーナーが輸入元への電話口で泣きだしたという伝説もあるほどだ。

ご存じのとおり、ゲーリーヤマモトは同名の日系アメリカ人、ゲーリー・ヤマモトさんがオーナーのルアーメーカーだ。ネバダ州レイクパウウェルのほとりでキャンプ場を営んでいた彼のアイデアとノウハウが生み出した名品である。

彼のルアーは、当初ゲーリーヤマモトとツインティーズというふたつのブランドで日本に紹介された。それは、ふたつのディストリビューター、スミスとティムコによって販売されたが、後にゲーリージャパン（現・ゲーリーインターナショナル）が誕生し、流通システムの充実が図られることになる。

〝ゲリヤマ〟の登場が、バスフィッシングを身近な遊び、誰でも楽しめるフレンドリーな釣りにしたと言っても過言ではない。投げる…沈める…引く…ルアーフィッシングのもっとも基本的な動作だけでバスが食ってくるという事実は、概念や観念が優先し、技術の壁を乗り越えるところに喜びを見出すそれまでのバスフィッシングのイメージを一新した。

初心者はもちろん、経験者にも、〝ゲリヤマ〟を手にして、「ブラックバスって誰でも釣れる魚なんだ」と、実感した方は多かったはずである。

◎それまでもグラブと呼ばれるソフトルアーは多く存在したが、注目されることはなかった

グラブへの情熱と日本への想い

そんなブームの足音さえ聞こえていなかったある日、電話が鳴った。ゲーリー自身が日本に来ていて、ルアーのプロモーションを聞きたいのだという。そのため、東京近辺のプロショップのオーナーたちに声を掛けてくれないかという依頼だった。

とはいえ、ゲーリーの名が今のようには知られていなかった時代の話である。ひとまずは、そういう話を面白がってくれそうな先鋭的で熱心なショップに電話をしてみることにした。

発端となったバスメイトや町田にあったキングフィッシャーを含めて、山中湖に集まったのは、6、7軒のオーナーや店長だったと思うが、いずれも当時の関東では情報発信源で、新たなタックルやテクニックへの嗅覚も鋭い人々だった。

今思えば、ゲーリーはとても不安だったのだろう。横で見ていても、その表情はとても堅かったし、ちょっと神経質そうな印象を受けた。それを知ってか知らずか、参加者たちも最初のうちは遠巻きに眺める雰囲気だった。

しかし、自分のルアーに対する自信は絶対だった。〝これで釣れないわけがない〟〝このグラブで釣れないなら他に何を使っても無駄だ〟。終始、そんなことを言い出しそうな表情で話を進める。

全身が、この極東の島国で自分のベイトを絶対に成功させるというエネルギーと確信に満ちていて、とにかく熱い。声を張り上げるわけではなかったが、畳みかけるような解説と、挑むような視線。四半世紀も前のそんな姿を今でも鮮やかに覚えている。

しかし、私も含めてそこにいた参加者の多くは、彼に温かな親しみを抱いた。熊本出身の祖先を持つ彼は、そのなまりを帯びたたどたどしい日本語で解説したからである。「バスは水がぬくいところにおる…」。彼の迫力に気圧されていた面々も、そんなユーモアのある語り口に少しずつ距離を縮めていった。

彼は、こうしていろいろなチャンスを活かし、各地で同じようなレクチャーを重ねていったが、そこにはもうひとつの想いも込められていたように思う。それは、日本という心の故郷だ。ゲーリーヤマモトの商品には、「ＩＫＡ」や「ＳＥＮＫＯ(現在はヤマセンコー)」、「ＳＵＧＯＩ」など、日本に語源を持つ名前が多く見られるが、そんな胸中が見え隠れする。

ちょうどその頃、たまたま来日の最中にゲーリーが誕生日を迎えることになった。彼を知る友人たちが6、7人集まって、お祝いをしようと盛り上がり、渋谷の道玄坂にあるパナマジョーズという老舗バーの地下に集まった。

最初は戸惑い気味だった彼も、場が盛り上がってくると徐々に饒舌となり、お爺さんから聞いた日本の話にまつわる記憶などいろいろな話を披露し始めた。日系3世である彼は、日本との絆を強く意識していたし、このビジネスを発展させるモチベーションの源もそこにあったように思う。

たどりついた塩という秘策

　ゲーリーのグラブがあれほど強い支持を得、君臨し続けるのは何よりもその優れた商品力にある。ソルティーグラブという名のとおり、塩を大量に含んだ素材が身上だったが、それは結果として比重を大きくし、よく飛び、自然な姿勢で泳ぐ。

「塩が入ってるとバスがなかなか離さないのヨ」と、ゲーリーは力説したが、多くのプロがそれも実感していた。彼のグラブは合わせのタイミングをとりやすく、ビギナーでも容易にフッキングできたのである。

　大量の塩を含みながら非常にソフトなボディ。私はワーム作りの門外漢だが、関係者によれば非常に高い技術を要するのだという。

「塩を入れればいいのは分かっても、機械のノズルがすぐに詰まってしまうのヨ。だから、とても苦労した。大変だったヨ。これを使うとバスを釣るのは簡単になるけど、作るのは大変なのヨ」と彼は

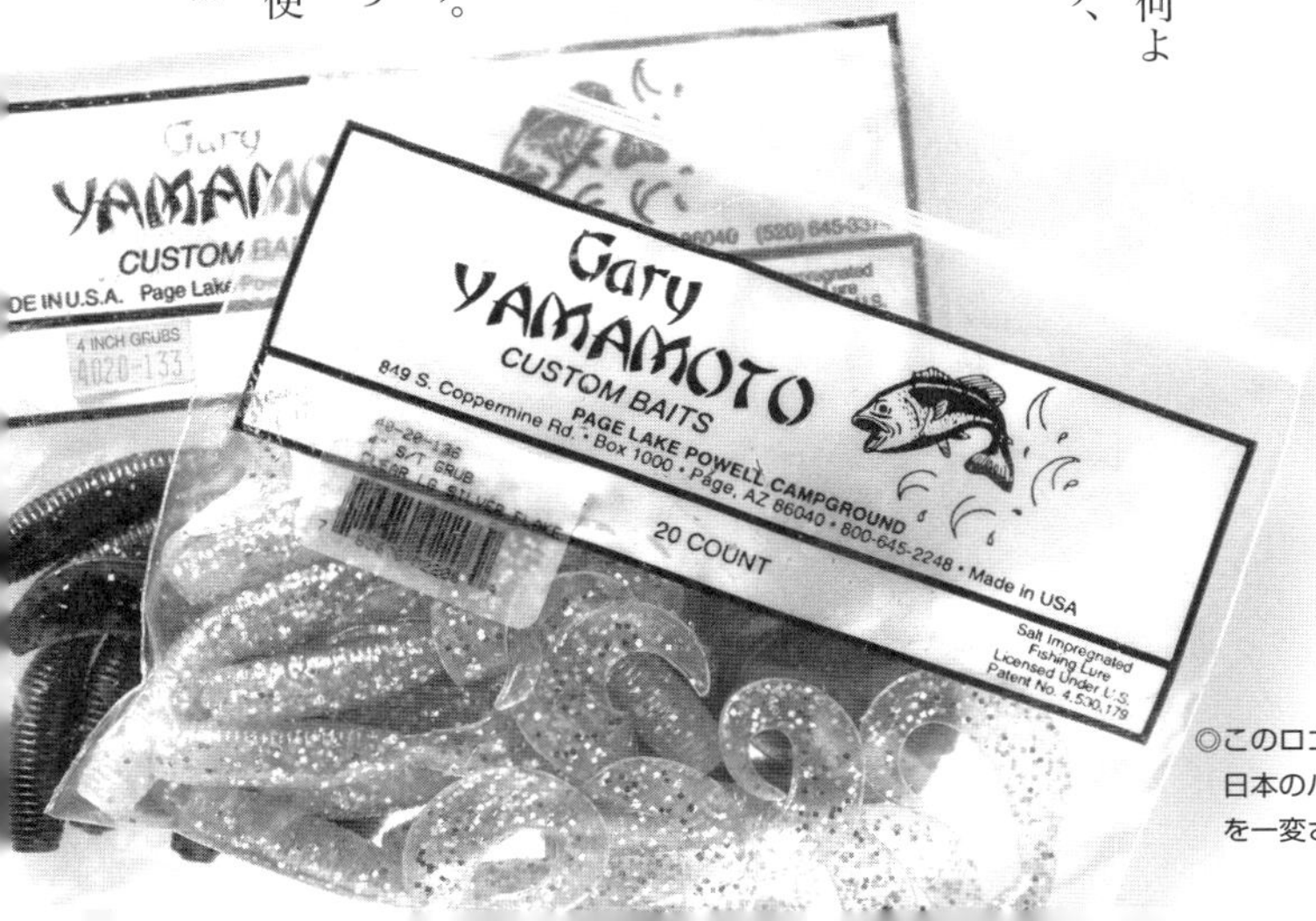

◎このロゴマークが
日本のバスフィッシング
を一変させた

◎アリゾナの砂漠に広がる巨大なレイクパウェルがゲーリーグラブの故郷だ
撮影：菅原　純

笑ったが、まさに至難の業。さまざまなフォロワーが登場しても、そのレベルに達するものが現れなかったことからもそれは窺える。

表面にのみ塩を含有させたものも多かったが、中には塩をただまぶしただけという珍品も現れた。水の中に漂えばあっという間に溶出してしまうのは言うまでもない。そういった有象無象がマーケットにあふれたのも、〝ゲリヤマ〟フィーバーがいかに凄まじかったかを示している。そして、ほとんどが今、マーケットに残ってはいない。

ゲーリーのルアーのクオリティの高さがバスフィッシングを身近にしたのは疑いようのない事実だが、河辺裕和というアングラーの存在も忘れてはならないだろう。サーファーでもある河辺さんは、〝楽しく〟、〝わかりやすく〟テクニックを伝える天才だ。

彼は、いろいろなメディアで、バスを猫に例えたり、バホバホ！なんてフランクな言葉を多用して、バスフィッシングを、グラブの釣りを広めていった。

理論やパターンだけでバスが釣れるなら面白くないですよね…などと口にすることもあったが、それも彼なりの想いと優しさだったのかもしれない。勘や思いつきだけで勝てるほどプロサーキットは甘くないし、バスプロとしてどれだけ戦略の組立てに長けているかはその戦歴が物語っている。しかし、理論やパターンの存在が、バスフィッシングのハードルをほんの少し高くしていると感じていたのかもしれない。

強力なゲーリーのグラブを、そんな河辺さんがレクチャーするのだから、誰だって〝ゲリヤマ〟のファンになったし、それが自然な流れだった。

２０１２年10月。ゲーリー・ヤマモトは、国内ビッグトーナメントのひとつ、Basser Allstar Classic に姿を現した。その２日め、ノーフィッシュで競技を終えた時、二千人もの観客を前にステージで語った言葉が実に彼らしかった。

ＭＣからマイクを渡されると、この日思ったような釣果を上げられなかった彼は、はにかみながら小さく会釈してこう言ったのだ。「こんなにたくさんのファンが見に来てくれたのに、釣れなくて恥ずかしいヨ…」。

世界に冠たるワーム王国を築き、バスプロとしても U.S.OPEN 優勝をはじめ華々しい経歴を重ねた男が申し訳なさそうに目を伏せる姿に、会場から大きな拍手が沸いた。

そこには、一軒一軒ショップを回りながら、アングラーひとりひとりと向かい合っていたあの頃と何も変わらない誠実さが漂っていた。

彼のベイトが大きな成功を収め、今なおブームの頃と変わらない人気を得ている最大の理由はここにあったのかもしれない。

スタンダードになるための第一条件とはこういうことなのだろう。

◎利根川で開催されたオールスタークラシックに参戦したゲーリーの雄姿
撮影：菅原　純

FLIPPIN'

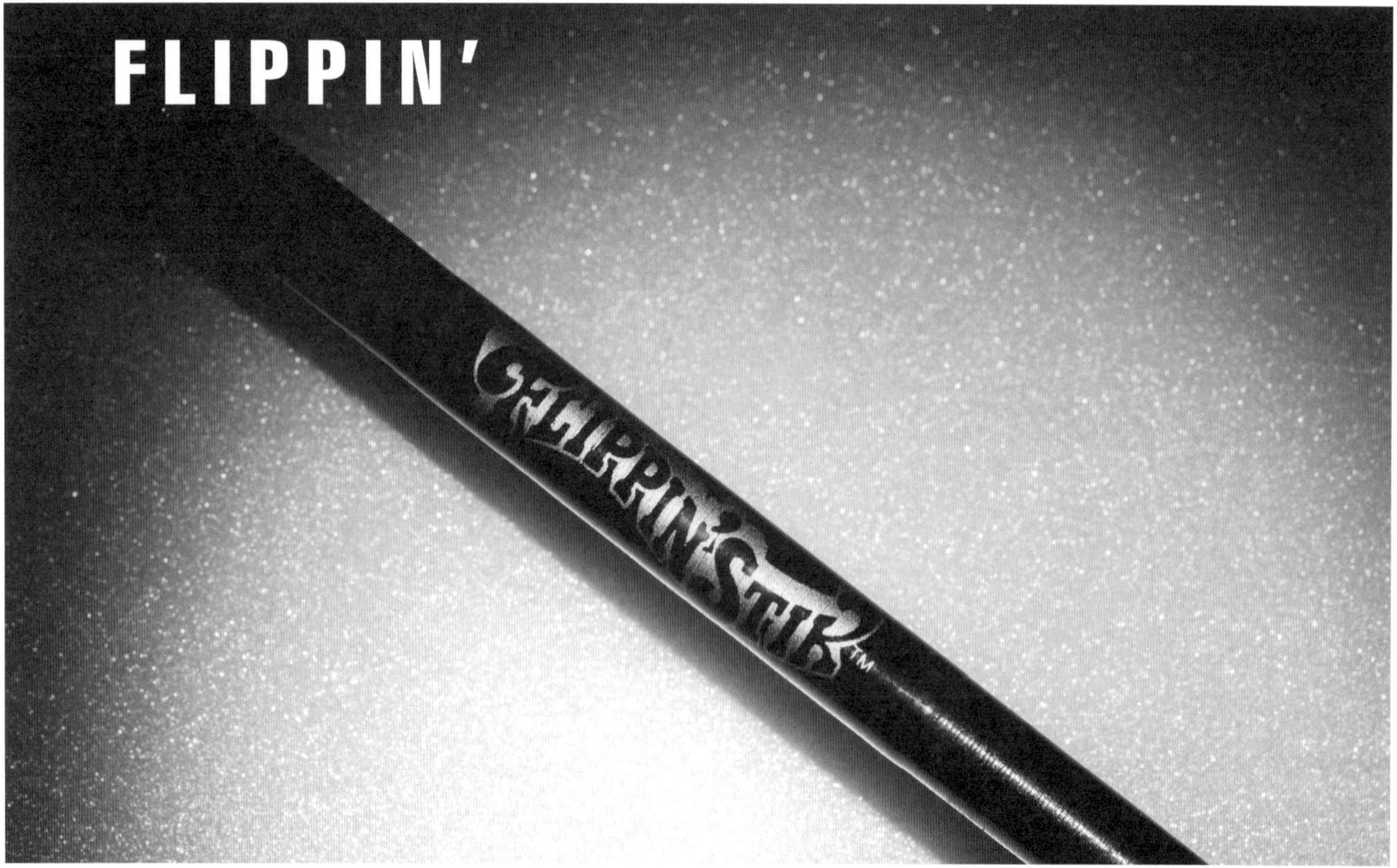

フリッピンという名の衝撃

1970年代、アメリカのトーナメントシーンで話題を独り占めにしていた新たなテクニックがあった。フリッピンである。今では誰もが当たり前のように駆使するこの釣り方も、実はそう古いものではない。カリフォルニアデルタをホームグラウンドにするディー・トーマスによって世に問われ、独特のアプローチとフリッピンスティックと呼ばれる彼がデザインした専用のロッドは、多くのトーナメントアングラーに衝撃を与えた。

それはなぜか…。浅い時には水深数十cmほどのシャローでバスの目の前まで近づき、あっという間に釣りあげてしまうという、それまでのバス釣りの常識を全否定するようなテクニックだったからだ。アシやハスが密生していようが、朽ち桟橋にロープが垂れていようがお構いなし。ノーマルなキャスティングでは絶対に探れないスポットを極めて正確に、音も立てずに探っていく。それも、シャローで食い気満々となったグッドフィッシュを選択的に釣ることができた。

当初、リールをつけずに長い延べザオで振り込むスタイルで連戦連勝した彼に、トーナメント団体からルール改正の申し出が入る。それに対応するためフェンウイック社とフリッピンスティックを開発した話はあまりにも有名だ。各所で紹介されているので、ここ

◎ラバージグとポークリンドの組み合わせは、
フリッピンの主役となった

では省くが、バスフィッシングシーンにおいて、これほど明確にそして見事に、戦略とノウハウが一体化した例を私は他に知らない。

デルタでは、潮の干満や、水の動きがバスの行動を大きく左右するので、ディー・トーマスはバスがどちらを向いているかまで想定してフリップしたという。1本の杭でも、右に入れるか左に入れるかで食いが変わるほど、精度を求められる釣り場で育まれたテクニックだったのだ。

やがて、アメリカでの大成功とその噂を聞きつけて、日本でもフリッピンを試すパイオニアが現れた。まだ、フリッピンスティックが日本のマーケットに導入されていなかったため、彼らはアメリカからフェンウイックのブランクを取り寄せ、カスタムロッドメーカーに仕上げさせたのである。

その舞台となったのは牛久沼など東京近郊のヘビーベジテーションエリア。それまで、狡猾で神経質な魚だから、遠くから静かにアプローチしなければならないと信じられていたバスに、ほんの数mまで近づくという冒険。ビデオなどでは見ていたものの、本当に食ってくるのだろうか…。最初は誰もが半信半疑だった。

しかし、フリッピンは日本でも劇的な効果をあげる。そして、当時のスペシャリストたちへ静かに広まっていった。私が知ったのもその頃である。ある日、上記のパイオニアのひとりが釣り場への車中でその真相を語り始めた。

所属していたバスのクラブはアメリカに本部があり、当時の最先端のバスアングラーが集まっていたから、絶えず新しい情報がやりとりされていたのだが、フリッピンもそのひとつだったのである。

曰く「フリッピンって知ってる？　ポイントにロッド1、2本分くらいまで近づいてルアーをヒョイッと落としてやるとデカいバスが食ってくるんだよ」

ルール改正に合わせるため、ディー・トーマスはフェンウイックと新たなロッドを開発した。彼が手にしているのはフリッピンスティックのファーストモデル、モデル775、7ft 6 in

西海岸で最も成功したバスプロと言われるデイブ・グリービー。彼の活躍がフリッピンを全米に広めた

この独特のロッド操作でシャローのビッグフィッシュを直撃する

広大なデルタは植物の楽園。ここでフリッピンは磨かれた

撮影（上記４点共）：菅原　純

「？？？」。何を言ってるのかまったく理解できない。そんなことがあるのか…。だいたいバスが逃げてしまうではないか…。

「そんなに近づいたらバスは逃げるでしょう？　じっと待っててくれるんですか」

「それがね、静かに落とすと一気に食ってくるんだよ。デカいのがね」

彼はそう言うと嬉しそうに笑った。

まったく信じ難い話だった。まして私はこの時、聞き間違えて〝フィリピン〟だと思い込んでしまい、話はますます混乱した。

数分の会話の中で、頭を整理してなんとかまとまってきたのは、クラブの中に、フィリピンで開発されたまったく新しいショートレンジのテクニックを試しているメンバーがいるらしい…ということ。今、考えると笑い話だが、アメリカ軍が進駐した国にはみんなバスが生息していたから、フィリピンだってバス釣りは盛んなんだろう…などと妙な理屈で自分を納得させた。しかし、まもなくその衝撃的な光景を見せつけられることになる。開いた口がふさがらないとはこのことだった。フリッピンが試されていない日本での効果は、まさに圧倒的だった。「彼が釣った後にはペンペン草も生えない」と、ディー・トーマスを称したアングラーがいたが、納得の釣果だった。

やがて、密生したアシ原の奥のスポットにいるバスを狙うための〝ウエッピン〟という派生テクニックも生み出されていく。フリッピンと同様のタックルで重めのラバージグやパドルテールなどをアシ原の上方に投げ上げ、その落下の勢いでアシの根元に落とし込んでいくというものだ。音で着水を確認し、捕食音で大きく合わせる。あとは、一気に巻き取ってアシの奥からバスを引き出してくるわけである。

その後、日本でもフリッピンブームが起こり、各社からフリッピン対応のロッドが次々とリリースされた。しかし、今、当時のラインナップを眺めていると、必ずしもこのテクニックがきちんと理解されていなかったことに気づく。たしかに、7ft半もしくは8ftのヘビーアクションベイトロッドという点は共通していて、テレスコピックという点も同じだ。

しかし…たとえばストリッピングガイドの位置。ディー・トーマスが送り出したフリッピンスティックは、リールに一番近いガイドが極端に離れている。

そこにはこんな理由があった。リールからトップガイドに向かって真っすぐに伸びるラインを利き腕ではないほうの親指の根元に引っかけて、斜め後方に引き出すのが基本姿勢のフリッピンでは、ストリッピングガイドが上にあったほうが、ロッドとラインの作る角度が小さくなる。その結果、ガイドや指とラインの摩擦も小さくなり、快適でなめらかなフリップが可能になるのだ。摩擦を小さくするため、ベビーパウダーをボートに積むアングラーもいたほどだから、1日フリップし続けようと思えば、この角度は大きな意味を持つ。

しかし、通常のガイド位置の〝フリッピンロッド〟が少なくなかった。それもやむを得ないことだった。ある程度名の知られたアングラーでも、一定のラインを引き出しておいて、ロッドティップを支点にブランコのようにルアーを前後に振って、最後にポチャンと落としていたからである。これだと、最初の引き出し以外、指でのラインの出し入れは必要ないので前出のような摩擦云々も問題にならない。そのかわり、音もなく水面に吸い込まれるような着水も難しくなり、水深数10cmの障害物に身を潜めているポットベリーは警戒してしまうかもしれないのである。

一方、ルアーが一番手前に来た時に一瞬ためを作り、前方に振り出されていくのに合わせてラインを送り込んでやると、ベイトは弧を描かず水面すれすれをほぼ水平に移動し、最後には水面数cm上から静かに自由落下する。ほぼ無音、波紋もごく僅かだ。しかし、そのためには絶え間ない、実に細やかなライン操作をしなければならないのである。

だから、ストリッピングガイドはリールから遠く離れることになるのだ。

とはいえ、当時の〝フリッピングロッド〟の中には、ガイド位置などだけではなく、ソルトウォーターのジギングとの併用を謳ったものもあって、まさに試行錯誤の時代を象徴している。

今、私の手元にブラッシュバスターという1台のリールがある。シマノがリリースした

フリッピン専用リール、ブラッシュバスター

〝フリッピン専用〟モデルだ。つまり通常のキャスティングはまったく念頭にないベイトリール。ボタンひとつでラインの出を止めることができる仕組みだった。ある意味、実に不器用で、実に潔い一台。

当時、ローランド・マーチンがイメージキャラクターとなっていたので、覚えていらっしゃる方も多いだろう。やがて、通常のベイトキャスティングリールにフリッピン機構を備えたモデルが主流となって、この強烈なリールは市場から姿を消していく。

しかし、今でもこれを手にすると延々と続くアシ原でひたすらフリップし続けようという意気込み、いやパワーが湧いてきて心が躍る。

フリッピンスティックとブラッシュバスターの揃い踏みは、ひとつの時代の象徴であり、バスフィッシングの歴史を感じさせるのである。

フリッピン機構を備えた通常のベイトキャスティングリールもマーケットに投入された

EPISODE 12

知恵者のビッグバスを夢中にさせた惚け顔

……………フラポッパー

フレッドアーボガストの名作

フレッドアーボガストの商品は、どれもバスフィッシングの匂いを濃く漂わせている。ヘドン同様、早くから日本に導入されていたので、多くのファンにとって身近な存在だ。代表作はご存じのようにあのジッターバグ。トップウォータープラグの名作であり、多くのフォロワーが生み出されてきた。

ただ引くだけで釣れてしまう…という、ルアーとしてはこの上ない優等生なのだが、それを理由にベテランからは〝ちょっとつまらない〟と、妙なお叱りを受けることもあって、ルアー作りとは何とも難しいものだと思う。

さて、このフレッドアーボガストのラインナップにはジッターバグ以外にも優れたバスプラグがずらりと並んでいるのだが、今もなお高い人気を誇っているもののひとつにフラポッパーがある。

大きな口に大きな目玉、くびれたボディを水平に浮かせるこの逸品は、１９７０年代のバスブーム時も人気ルアーのひとつだった。このルアーが面白いのは、フライロッドで操るスモールサイズが先に開発されたことで、１９４２年に発効した特許には、フライロッドルアーと記してある。そのあたりにも、なんとなくアメリカのバスフィッシングの歴史というか匂いが漂っていて心惹かれてしまうのである。

さて、いろいろな文献や資料を見ていると、ブラックバスはもともとフライで楽しまれていたようなのだ。Dr.ヘンシェルの名著、『Book of Blackbass』を挙げるまでもなく、フライフィッシングとバスの相思相愛関係は思いのほか古く、日本とは違って、それを取り上げた雑誌記事や書籍も多い。

日本では、鮭鱒類、つまり脂ビレ系を中心にフライが楽しまれてきたので、いまだにターゲットとしては外道扱いのイメージが強いが、あの強烈なストライクやヘッドシェイクは、他の淡水魚ではなかなか味わうことができない。バスのフライフィッシングは実に面白いのである。

アメリカのそんな歴史、バスフィッシングの背景が、本当にフレッドアーボガストのラインナップに反映されたのかどうかは私には分からないし、ひょっとしたらパンフィッシュなどのマーケットを意識した商品だったのかもしれないけれど、この老舗が、ちっちゃなフライ

◎アーボガストの名作、フラポッパー。ポッパーとフラスカートの融合は、驚異的な効果を発揮した

用のフラポッパーを当初からラインナップしていた姿勢には共感を覚えずにいられない。

さて、フレッドアーボガストの多くのルアーには、ヒラヒラしたラバースカートが付いている。彼らはこれをフラスカートと呼んだ。そう、ハワイのフラダンサーがつける腰蓑のイメージで、古い広告でも〝ワイキキビーチのスタイルを倣った〟というコピーを目にすることができるし、同社にはそのものずばり〝フラダンサー〟というルアーもある。

フラスカートが生まれた背景には、創始者フレッド・アーボガストの強い信念があったという。1894年、日清戦争の年に生まれた彼は、トヨタ自動車の創始者豊田喜一郎や、松下幸之助と同い歳。キャスティングトーナメントで頭角を現すが、その活動費を稼ぐためにルアーを作っていた。

バスはヒラヒラするものに強い興味を示すと信じていた彼は、それぞれのプラグに適した長さのラバースカートを拵え、装着していった。獣毛のヘアスカートを取り入れたルアーは早くからあったけれど、フラスカートのような艶めかしい動きは生み出さない。彼の着眼点はいつも斬新で、先進的だったのだ。

ちなみに、同社のラインナップ中、フラスカートを装着した最初のトップウォータールアーは、1942年のフラポッパーである。

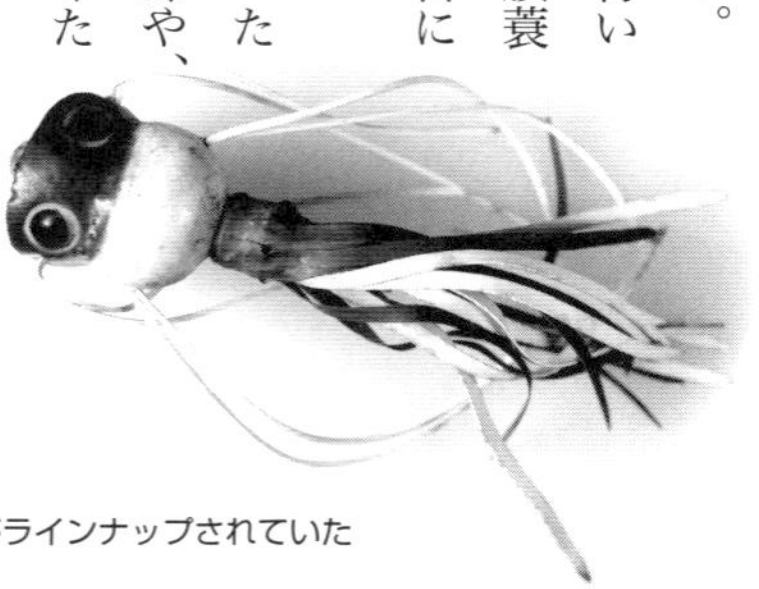

◎フラポッパーは当初から
フライロッド用のサイズがラインナップされていた

肉食魚を魅了した音と泡の魔力

ポッパーが、スレたバス、アングラーの多い釣り場で効果を発揮することは、日本のオピニオンリーダたちも気づいていた。トップウォータープラッガーのバイブル『ブラックバス釣りの楽しみ方』でも、則弘祐さんや山田周治さんは、〝夏の夕方、よし、ランカーを絶対に、と思われたら、ほかのプラグに浮気をしてはいけない〟と書いている。ランカーキラーとしての実績も各地で報告されていた。

そんな1970年代末のある日、ポッパーの強烈な威力を裏付けする映像がテレビで流されたのである。

それはたまたま見ていたクイズ番組だった。その中盤で、設問のひとつとして海外の映像が流れ始めた。ひとりの老人が小舟に乗って沖に向かう光景だ。なにせ40年近く前の話なのでうろ覚えなのだが、オランダの運河だったように記憶している。彼の手には、先端に半球のカップがついた棒。トイレが詰まった時に使うあの用具にそっくりだ。長さは1m半ほどだったろうか。映像からはカップの素材が何かは窺えなったけれど、直径は30㎝あるかないか。そこで、映像は一旦ストップする。

問題は「さて、この老人はこの後何をするでしょう?」。回答者のタレントたちは皆、思い思いの答えを披露したが誰も当たらず…。司会者が促すと、続きの映像が流れ始めた。

運河の真ん中あたりまで来て、漁師は舟を停める。山立てでもしているのか、周りを2、3度見回すと、おもむろに例の棒を手にした。

するといきなり舟から1mほど離れた水面に、それを突き立てた。カップが水にもぐり、「ボコン！」と大きな音と泡を立てる。それから5秒に1回くらいの間隔で、彼は規則正しく、ボコン！ボコン！ボコン！と繰り返した。いったいどれくらいの時間、それを続けていたのかはわからないが、彼は何かを察知すると慌ててその棒を左手に持ち替え、右手に長いモリを握った。

次の瞬間、カップを突き立てていたあたりに素早くモリを打ち込む。一瞬の出来事だった。モリを激しく揺らしながら上がってきたのは巨大なナマズ。

「正解は〝魚を獲る〟……でした」というような司会者の説明に、一同びっくり顔で番組はエンディングへ向かうのだが、それを見た時のショックと言ったらなかった。

まさにポッパーじゃないか…。頭の中でいろいろなことの合点がいった。

あのボコン、ボコンという音が肉食魚をどれだけ興奮させ、どれだけ攻撃的にするか…。小舟とはいえ、4mほどはあっただろう。そこに漁師が仁王立ちになっているのである。それなりに自然界で生き抜く知恵を備えた大ナマズが、舟べりまでノコノコと出てくるのはどう考えても不自然だ。

しかし、あの音と泡に無我夢中となって、我を忘れ、警戒心をかなぐり捨てて、鋭いモリが待つ水面近くまで誘い出されてしまったのだ。

知恵者のビッグフィッシュを虜にしてしまう、あの音と泡。ポッパーを最初にデザインしたアングラーが、どんなきっかけでそれを知ったのかは分からないが、よく思いついたものだと思う。この類のルアーにバイトしてくるバスは、背ビレをビンビンに立て、体色がとても鮮やかなことが多く、激しく興奮していることを窺わせるが、考えてみればそれもポッパーの力なのだろう。

前出の『ブラックバス釣りの楽しみ方』でも、ポッパーのコツとして〝舟べり近くになってからでもストライクの可能性があるということなのだ。だから最後まで気を抜いてはならない〟と教えていたが、まさに、あの映像そのものではないか…。そして、〝一般的にポッパーの演出は、速すぎる人が多い〟とも指摘しているが、これもまったく同じ。遠く離れた欧州の漁師と、日本のトップウォーターのパイオニアたちが期せずして同じノウハウを確立していたのである。

当時、フラポッパーのほかにも、カップが大きめで深く、エッジが薄いタイプは多かった。チャガースプークやリルポップ、トラブルメーカーなど、皆、この手の使い方で威力を発揮するポッパーだが、市場から消えたものも少なくない。

近年、ポッパーの使い方が、ゆっくりと操作して水を噛ませるのではなく、早目のロッドアクションで水飛沫をあげて、逃げまどう魚を演出する方向に変わってきた。

それは、フィッシングシーンにおけるトーナメントの影響力が大きくなったことと無縁ではない。

あの老漁師のようなポッパーの操作は、一時を競うトーナメントに向いていないからだ。

ひとつのスポットを効率よくチェックする機能が重視される時代になり、ポッパーのデザインも変化していったのである。

しかし、今もなおかつての方法が効果をあげること、いや、21世紀のバスにはむしろ新鮮かもしれないと考えているシニアも多くいて、各地で実績が報告されている。

ポッパーに飛び出した河口湖の巨魚

さて、このフラポッパーが活躍した湖のひとつに河口湖がある。

1970年代初頭、バスアングラーの間では富士五湖のバスが話題になり始めていた。

◎やはりポッパーの醍醐味を楽しませてくれるヘドンのチャガ―スプーク三兄弟

移入の経緯などは定かではないが、赤星鉄馬氏が日本へのバスの移入を考えた時、山中湖も放流の候補地になっていたので、もともとバスとの縁が深い場所ではあった。氏の遺稿『ブラックバッス』（福原毅編）には、昭和7年に山中湖へ移殖されたと記されており、それには芦ノ湖の漁師が関わっていたという。とすれば、相模湖や津久井湖に比べ、はるか昔から生息していたことになるが、60年以上、話題にならなかった理由は不明だ。

１９７０年代の河口湖は、ヘラブナ釣り場として人気があり、冬の結氷期にはワカサギの穴釣りでも知られていた。

河口湖や山中湖は当時、今よりもずっと冬が厳しく全面結氷が珍しくなかった。厳寒期の山中湖では子供の通学のため、軽トラックで対岸まで渡ったものだと懐かしがる老人もいるほどだが、現在では一部のワンドでしか結氷をみることはない。河口湖も同様だ。西山徹さんが氷を割りながらバスを追った話は遠い昔になろうとしている。とはいえ、その間わずか数十年。日本列島の長い歴史から思えば、ほんの瞬きの間にこれだけの環境変化が起こってしまったわけだ。近年、地球規模で温暖化問題が語られているが、私たちの身近な釣り場でもそれは急速に進んでいたのである。

さて、最深部でも14～15ｍという同湖では、中心部に鵜ノ島があることも手伝って、沖まで複雑な湖底が伸びている。だから、同じ湖面積であっても、急深なダム湖に比べバスの生活空間が圧倒的に広い。

そして富士山からの豊富な湧水が水質も保っていた。かつて、国の研究機関が作成した河口湖の湧水地図というのを見たことがあるが、湖のほぼ全面に湧水が分布し、こと西湖側には巨大な湧水点がいくつも記されていた。それは、結氷するような厳寒期に、魚たちの避難場所にもなったはずである。

こういった自然条件は、バスだけではなく、ナマズ、ギギ、コイ、ウグイ、オイカワ、ヨシノボリなど多種多様な魚や甲殻類、昆虫を育んだ。

当時この湖を訪れるアングラーの目当てはもちろんバスだったが、やがてもうひとつの好ターゲットを知ることになる。ナマズだ。

日が傾き、ひと気がなくなって静けさを取り戻した湖面は、トップウォーターの独壇場だったが、日没前後になるとバスとは違う、ひと際大きな水飛沫が上がるようになる。

それは、50㎝を楽に超す、時には70㎝もの見事なナマズだったのである。夕方、レンタルボートを返した後で岸から楽しむナマズゲームは、ひと味違ったエキサイティングな世界だった。シーンとした湖に響きわたる水面の爆裂音。尾で水を叩く飛沫の余韻。当時、バスで50㎝を超えるのは困難だったが、トップウォーターで、60㎝が珍しくない世界というのは、驚きをともなう新鮮な興奮を与え、あのクイズ番組のような光景がアングラーの心をわしづかみにした。

そこで人気を集めたのがフラポッパーに代表されるポッパー系のプラグだ。ナマズがエサを求めて水面直下をうろうろと泳ぎ回るようになると、ジッターバグやクレージークローラーも多用されたが、日が完全に沈むまでは岩陰などに潜んでいるので、あまり移動せずに誘いをかけられるポッパーが有利だった。特に、フラポッパーは例のフラスカートの抵抗があるので、頼りになったのである。

前出のように、当時の富士五湖にはギギも生息していて、特に河口湖は多かった。これも日暮れになるとちょくちょくルアーに手を出してくるのだが、ナマズやバスほど口が大きくないのでなかなかフッキングしない。また、釣れたとしても鋭いトゲがあるので扱いがやっかいだ。いわば招かざる客だったが、当時の河口湖はそんないろいろな住人が賑やかに生活していた。

1980年の夏、私はそのほとんどを河口湖で過ごしていた。大学の卒論で、バスの食性を調べるためのサンプリングが目的で、8月などはひと月のうち20日以上を湖畔で費やしたほどだったが、当時の河口湖は今と比べると釣り人も観光客も少な

◎トラブルメーカーや、ピコポッパー（下）も肉食魚の摂餌音を発してランカーを誘った

く、ずっと静かだった。ボート店の離れで、水温やph、透明度などをチェックしたり、釣りあげたバスの測定、そしてホルマリンでの固定と、細々した作業を繰り返すのだが、バスの腹からはサワガニが出てくるほどで湖は生命感にあふれていた。

ボート屋の店主によれば、河口湖大橋建造の際にはコンクリートのあくが出て、かなりの魚が浮いたそうだが、当時は供用開始から10年近くが経っていたので、環境も回復したのだろう。

しかし…。1980年代半ば、そんな河口湖に変化が起こる。まず、あれほど豊富だった水草がみるみるうちに減り始めた。エレクトリックモーターはおろか、船外機でさえオールで沖に出てからでないと使い物にならないほどの分厚い絨毯のようなウイードエリアが、ワンドの奥だけになった。釣りやすくなった…と喜んだ御仁もいたけれど、それを追うように魚たちにも変化が現れる。あんなにいたギギが姿を消し、ナマズも水面を割らなくなった。沖でバイブレーションを引いていると、ちょくちょく引ったくっていった大きなウグイたちも沈黙した。特にギギの減り方は、〝あっという間に〟という言葉が大げさではないほどの急激なものだった。

かつて、妙な色の生活排水が流れ込むエリアもあったが、今はそんな光景を見ることはなくなったし、湖底清掃なども積極的に行なわれているので、環境が悪化しているように

◎フレッドアーボガストのイマジネーションはハワイアンウイグラー、スパターファスなどの名作も生んだ

も思えない。バスは増殖措置によってかろうじて維持されているものの、ギギもナマズも、あの分厚い水生植物たちも戻ってはいないのである。

それが、温暖化などの自然環境の変化によるものなのか、湖畔の観光開発の結果なのか、河口湖を訪ねるアングラーや観光客の増加が影響しているのか分からないが、水草が多いだの少ないだの、ナマズが増えたのどうの、なんてことを気にするのは釣り人だけで、世間の人々にはどうでもいいことなのかもしれない。

とはいえ、ヒゲを2本伸ばしたあのひょうきんな顔が、水飛沫と共にフラポッパーを押さえ込んだ光景が時々、鮮やかに思い出される。

そして、あの招かざる客だったギギにも、妙な愛おしさを覚えるのである。

TORU NISHIYAMA

西山さんはフライによるバスフィッシングの楽しさを説き続けた。
それが今、各地で芽吹き始めている
撮影：津留崎　健

西山徹さんのバスフィッシング

1970年代以降の日本のルアーフィッシングを象徴する人物のひとりとして西山徹さんを挙げることに異論を唱える方はいないだろう。

服部善郎さんが切り開いたテレビにおける釣りの世界を、〝フィッシングキャスター〟としてさらに広げた西山さんは、あらゆる意味でパイオニアだった。大手釣り具メーカーに勤務した経験を持ち、渓流から磯まであらゆる釣りに精通していた彼は、ルアーやフライの世界でも、多くの業績を残している。

バスフィッシングにおいても、ローランド・マーチンの来日を待つまでもなく、自らアメリカにわたり、ビル・ダンスやラリー・ニクソンをはじめとするトッププロたちの釣りを日本に紹介した。彼の地のバスプロたちが見せる強烈なグリップとスナップを活かした低い弾道のキャストや、システマチックな展開を伝えたのも、賞金稼ぎの荒くれ男というイメージで見られがちだったバスプロの真の姿を伝えたのも西山さんだ。

ウインターバッシングなどさまざまな斬新なコンセプトを発表し、私たちを楽しませてくれた西山さんだが、晩年はフライフィッシングの啓蒙に情熱を注いでいる。鮭鱒類に偏りがちだったわが国のフライフィッシングにおいて、早くからソルトウォーターの可能性に言及し、コイのような身近な魚の楽しさを紹介したのも記憶に新しい。

バスのフライを啓蒙したのも西山さんだ。フライによるバスフィッシングの歴史は、ルアーのそれよりも長い。別項でも触れたようにその楽しみは、Dr.ヘンシェルの時代には広く知られていたわけだが、日本ではルアーの陰にあって、普及しているとはいい難かった。

１９８０年代初頭、西山さんはバスをフライで釣る楽しさをいろいろなメディアで発信した。そこには、ルアーアングラーとして広く認識されている自分が訴えることで、世のルアーファンも耳を傾けてくれるのではないか…という想いが見え隠れする。

鮭鱒類を主眼にしていたフライフィッシャーに海やコイを奨めたように、ルアーでバスを楽しむ人々へ〝バスをもっと幅広く楽しもうよ〟と呼びかけたのである。

ある時、そんな琵琶湖に西山さんと出かけることになった。バルサミノーの項でも触れているが、奥琵琶湖、菅浦付近でフライでバスを追ってみようという試みだった。水の具合が芳しくなく、思ったほどの好釣ではないものの、豊満な琵琶湖のバスがフライロッドを絞り込んでくれ、西山さんも嬉しそうだ。

岸にあがって小休止…すると、西山さんがおもむろにこう問いかけてきた。

「なんでバス釣りって、いや釣りっておもしろいか考えたことある？」

あまりに突然。唐突。何と答えたらいいものやら、言葉に詰まっていると…。

「野生の生き物と直接引っ張り合う興奮だと思うんだよね。動物が命をかけて暴れるパワーを僕達が直接感じることってほかにないでしょ。ハンティングだって、野山を捜して追いかけて、駆け引きはするけど、バンって撃ったら離れたところでバタッて倒れるわけでさ」

「釣りは野生動物と綱引きする感じですよね」と答えると、

「女性でも〝釣りはちょっと…〟なんて言ってたのに、魚がかかってサオがグイグイ引かれるのを味わっちゃうと、すごく面白かった！　って、なっちゃう人が多いでしょ。あれこそ、釣りの魅力だと思うんだよねぇ。僕達みんなが原始人の頃、弓もなんにも持ってなくって、ただの野生の生き物のひとつでね…生きていくためにイノシシとかウサギとかに、飛びかかって取っ組み合いして捕まえてたと思うんだけどね。自分の腕の中で暴れて、逃げようとしてもがく動物の動きやパワーが、僕達のＤＮＡに刻み込まれてるんだ、きっと。それがね、ラインをグイグイって引かれて、サオを持っていかれる瞬間に、身体の奥で蘇っちゃうんだよ。だから、あんなに興奮するんだ。僕たちも野生の動物だった頃に戻っちゃうんだ」

普段、淡々と話すことの多い西山さんが、珍しく高揚していた。

ラインを直接手で引いてやりとりするフライは、彼にとって、バスフィッシングの中でもっとも強く野生の興奮を味わえる世界だったのかもしれない。この日の西山さんは本当に楽しそうだった。

1970年代から日本のバスフィッシングをリードし続けた西山さんに、同胞がバスマスタークラシックを制する姿を見ていただきたかった。その早世が残念でならない。

EPISODE 13

ビッグプラグの楽しさを教えてくれた芸達者

…………ラッキー13

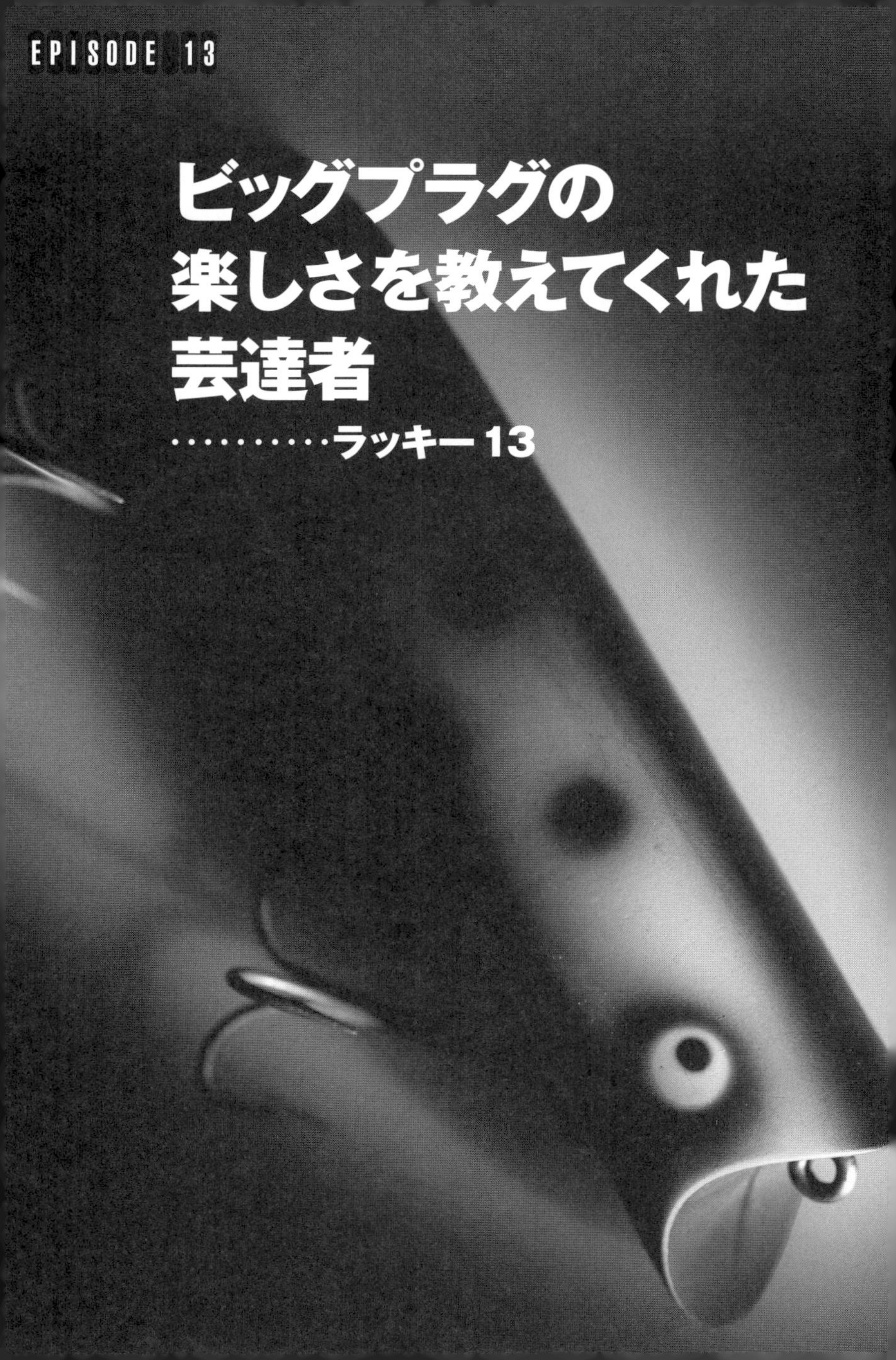

日本でのビッグプラグムーブメント

１９７０年代、日本でバスフィッシングの大ブームが起こったのは、トップウォーターというスタイルが、当時の若いアングラーの心をつかんだからだ。

バスが日本に現れたのは１９２５年だが、数年の禁漁期間を経て芦ノ湖を訪れる富裕層の避暑客が釣りを楽しむようになる。それは、船頭を仕立てて、箱メガネでバスを見つけ出し、モエビなどのエサで釣りあげるというスタイルだったが、強烈な引きが人気を集めた。

戦後になると進駐米軍の兵士たちがやってきて母国と同じようにルアーを投げ始める。

やがて、１９６０年代にトラウトをターゲットとしてルアーを楽しみ出した日本の人々も、バスの面白さに目覚め、雑誌などに関連記事が掲載されるようになっていった。しかし、当初はスプーン、スピナー、ミノーなど、トラウトの延長のような釣りが主体。数多あるルアーフィッシングの対象魚のひとつ…という雰囲気が強く、際立つ存在ではなかったのである。

そこに、20g近いビッグプラグのトップウォーターバスフィッシングが現れた。水面だけで食わせるという斬新さ。その大胆なアプローチと、雑

◎ラッキー 13。一世紀の時を経ていまだに現役という、まさにバスプラグの代表だ

誌を飾るスタイリッシュな文言や写真が当時の若年層から熱狂的な支持を得ることになる。

しかし、当時のマーケットに大型トップウォータープラグはそう多くなかった。店頭に並ぶルアーは小さめなサイズがほとんどで、ビッグプラグはなかなか入ってこない。独自で輸入する釣具店もあったようだが、それもごく僅か。だから、オピニオンリーダーの中には、個人的に取り寄せる者も少なくなかった。

そんな中で、トップウォーターのビッグプラグを渇望するアングラーたちにいち早く応えたブランドがヘドンだった。もちろん、ブームの到来で他のブランドも次々と大型サイズのラインナップを充実させていくことになる。

創業者のジェームズ・ヘドンが、友人を待つ間に木片を削ってバス用のプラグを誕生させたという話はあまりにも有名だが、かれこれ100年も昔の出来事。ウッドゥンフロッグと呼ばれる蛙を模した11本のトップウォータープラグが生み出され、ヘドンの歴史が始まるのである。

日本におけるバスルアーとしてのヘドンの普及は、スミスの存在が大きかった。

当時すでにオリムピックがヘドンを輸入しており、フィッシングシーンとマーケット規模を考えれば、品種、カラーとも充分なラインナップだったといえる。しかし、どちらかといえば、タイニーやカブ、ベビーという名を冠した小型のモデルが主体だった。同社はヘドンブランドのリールも手掛けるほどだったから、両者の関係は密接だったことが窺える。それにしても、オリムピックが先に取り扱っていたのは、ヘドンにとって幸運なことだった。なぜなら、日本を代表する大手の総合メーカーがデリバリーしていたことによって、確固たる信用とブランド力、そして流通が確立していたからである。

ルアーを引っかけ釣りと捉える向きも多かったルアー後進国においてそれは大きな財産となった。やがて、オリムピックはルアーシーンの表舞台から姿を消していくが、その足跡は偉大である。

バスルアーとしてのヘドン

やがて、スミスが参入すると日本におけるヘドンのラインナップに大きな変化が現れた。ラッキー13、チャガースプーク、ザラII、オリジナルザラスプーク、トーピード、ビッグバドなど人気プラグの5/8oz前後をずらりと並べて見せたのだ。

「当時、オリムピックさんが扱っていましたけどね、魅力的なプラグが多かったし、

◎魚雷という名をおごられたトップウォータープラグ。その人気は今もなお衰えることを知らない

日本に入っていないサイズもあったので、ウチでもやってみたいなぁ…と打診してみたら意外とあっさりＯＫが出ちゃったんですよ」と、同社の玉越和夫さんは振り返る。

ヘドンに、ウッドクラシックシリーズという木製のビッグプラグのラインナップがある。ラッキー13やザラゴッサなどウッドプラグ全盛期の人気ルアーを復刻させたものだが、実は１９７０年代初頭に日本でも販売されていた。都内の釣具店の片隅でワゴンに積み上げられ、格安で叩き売りのような状態になっていたのである。後にスミスもウッドのヘドンを復刻することになるが、その前の話だ。

「友人がね、吉祥寺あたりの釣具店で安売りされてるのを見つけてきたんですよ。タマちゃん、こんなの売ってたよって…」と玉越さん。スミス入社前の釣具店勤務時代に、このクラシックシリーズの話を聞いたという。

これらは業者が抱き合わせなど何らかの理由で輸入し、安く流したものと推測されているが、あの大ブームの前には、一般のマーケットでのビッグプラグの評価は、この程度のものだったのである。

スミスは、トップウォーターバスフィッシングのパイオニアとして専用のオリジナルロッドをリリースしたり、バスのイメージが強いフルーガーのベイトキャスティングリールを手がけていた。同社のスーパーストライカー（現スーパーストライク）は、用途別に開発された国産初のバスロッドシリーズ。
輸入品並みの高額で販売され、若い
アングラー垂涎の存在となった。

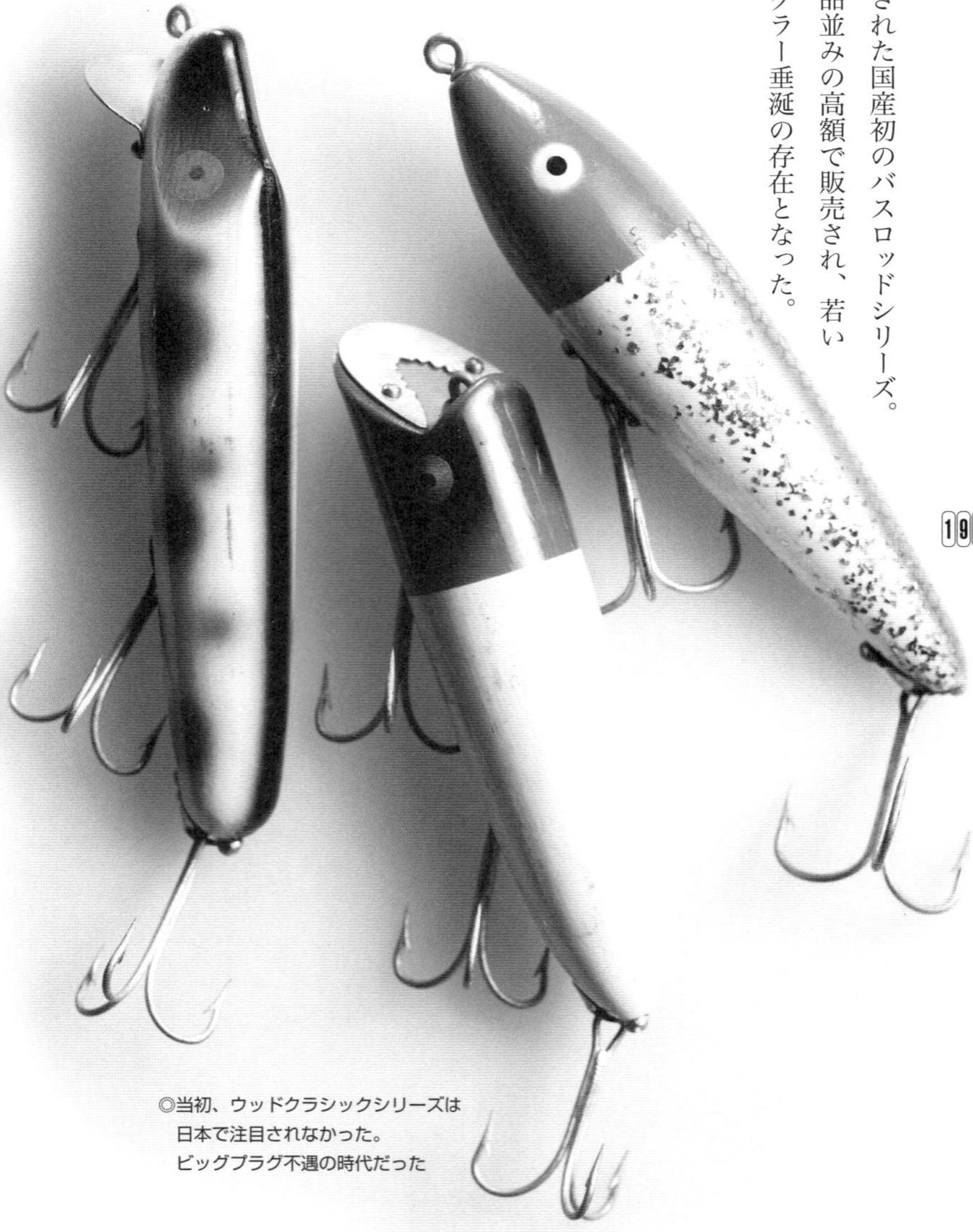

◎当初、ウッドクラシックシリーズは
日本で注目されなかった。
ビッグプラグ不遇の時代だった

オリムピックがブランドの認知と信頼を構築し、スミスがバスルアーとしてのコンセプトとマーケティングを確立するという幸運な二段構えで、ヘドンは、日本におけるバスルアーの代表的なブランドとして認知されるようになっていったのである。

⅝oz のビッグプラグ達を迎えた湖

バスしか釣れないルアーで、もっともバスらしい釣りをする…当時のオピニオンリーダーたちが追い求めたのはそんな世界だった。現実にはバスしか釣れないルアーなどないのだが、少なくとも日本国内であれば⅝oz（約18g）以上の大きなトップウォータープラグに食ってくるニジマスやイワナはほとんどいないし、パイクやマスキーも生息していない。可能性としては、ライギョかイトウあたりだろうか。やはり、このサイズは、事実上バス専用なのである。

そして、どちらかといえばリアルな仕上げが多いトラウト用のプラグに対して、バスの場合はコーチドッグやレッドヘッドなどファンキーな雰囲気を漂わせたカラーが多用されるがむしろ、そういったもので挑むこ

◎ラッキー13と共に1970年代の
トップウォーターシーンを華やかに飾ったバスオレノ

とに面白さを感じるアングラーが多かった。

　彼らの支持を得たのが、ヘドンのラッキー13であったり、トーピードだった。ネーミングからしてバスらしい大らかさとシャレが利いている。幸運という言葉と、キリスト教で不幸をイメージさせる13という数字を組み合わせる遊び心や、人を食った大口開きの顔。一方では、見た目そのままに魚雷と呼んでしまう朗らかさ。

　ラッキー13は、1920年頃にはデビューしていたというから、かれこれ100年近いロングセラーなわけだが、それでも並みいる現代の腕利きルアーと共に店頭を飾っているのだから恐れ入る。当時のデザイナーが機能を煮詰めるためにどれだけ心血を注いだかが分かろうというものだ。

　そしてもうひとつ。当時のヘドンのプラスチックルアーは、他の輸入品と比べ仕上げが美しく、カラーパターンも豊富だった。だから、釣るだけではなく、買い揃えていく楽しさも味わわせてくれたのである。

　さて、そんなビッグプラグたちだが、当時は琵琶湖がバスレイクとして一般には認識されていない時代。

　池原ダムに代表される紀伊半島のダム湖など、フィッシング

◎バスブームの盛り上がりと共に、
スパターバグやジッターバグも
フルサイズの人気が高まっていった

プレッシャーが低い新顔の釣り場をのぞけば、こういったルアーでのゲームを満喫できる場所は多くなかった。

芦ノ湖や津久井湖など従来の釣り場は、この手のルアーを楽しむには、あまりにもハードルが高い。いや、釣れなかったわけではないが、それまでミノーやスプーン、バイブレーションプラグで釣ることに慣れていた人々には、あまりにも魚が遠い世界だったし、いきなりこの手の釣りでデビューしたビギナーは推して知るべしだった。

だから、一般のアングラーがビッグプラグによるトップウォーターゲームの楽しさを実感するようになるのは、もう少し先の話となる。

とはいえ、先達たちは、数少ないパラダイスでビッグプラグのサーフェイスゲームを心から楽しんでいた。その象徴が池原ダムだ。アメリカの雑誌などで目にしていた、着水前のプラグにバスがもんどり打って飛び出すような光景や、2本のフックに2尾のバスが食ってくる興奮、強烈なバイトで吹き飛ばされたルアーに別のバスがバイトする衝撃…池原ダムのデビューは日本のバスシーンにおける一大転換期だった。

はじめは軍用のようなアルミボートを積んでやってくる姿を訝しげに見ていた地元の人々も、民宿や食堂がアングラーで賑わうようになってくると徐々に理解を示し始めた。

その後、フィッシングプレッシャーの増加によって、往時の輝きは失うことになるのだが、

◎日本人の手によってデザインされたザラゴッサJr。北米のコレクターからも人気が高い

現在はビッグフィッシュの湖として再びその名をとどろかせている。

やがて、琵琶湖の登場がバスフィッシングの常識を少しずつ変えていった。それまで夢だった50㎝というサイズが、条件さえそろえば誰でも手にできるようになり、あの5/8ozのプラグ達が当たり前のように使われ始めたのである。誰もがあの豊穣な世界を味わうことができるようになったのだ。

本国をうならせた日本の復刻プロジェクト

ヘドンのルアーが他のバスルアーと一線を画すのは、日本発のプロジェクトがいくつも育っていったことだ。本国ですでに創業家の手を離れ、往時の雰囲気を薄めつつあった１９８０年代以降、さまざまな復刻、オリジナル企画が日本で立ちあがっていった。

ジャパンモデルと称した日本向けのスペシャルモデルは他でも散見できる。ルアーだけでなく、ロッドでさえそれは試みられていた。たとえばブローニング。当時はオリムピックが手がけていたが、Jモデルとして日本向けのオフセットハンドルのウルトラライトロッドをリリースしていた。パンフィッシュに向けたモデルをベースにアレンジしたもの

◎スミスの社員が個人的に改造して作り出したウーンデッドザラ。
ザラⅡボディをベースに市販化された

かもしれないが、日本では渓流でのトラウトフィッシング用としてクローズドフェイスリールと組み合わされることになった。フェンウイックなどでも日本向けカスタムモデルが用意されていた。

しかし、ヘドンの場合は少し色合いが異なる。本国ではすでに廃版となった商品、ラインナップから外れたカラーパターンやフィニッシュを、日本のディストリビューターがオーダーし復活させたのである。

それを手がけたのが前出のスミスだった。

当時、すでに同社のスタッフたちはオークションなどを通じ、個々に本場のオールドルアーをコレクションしていたが、30数年前、インターネットもカード決済もない時代の話、その面倒は想像に難くない。しかし、事務所に小包が届き、開くたび歓声（時にはため息…）が上がり、皆、子どものようにはしゃぐ。バスプラグに心を奪われた大人の男たちの素顔だった。

それらは本来、バスのタックルやルアーを取り扱っていく上

◎スミスのリクエストで復刻されたプラグたち。
上から、クローシュリンプ、フラップテール Jr、ドワジャックスプーク

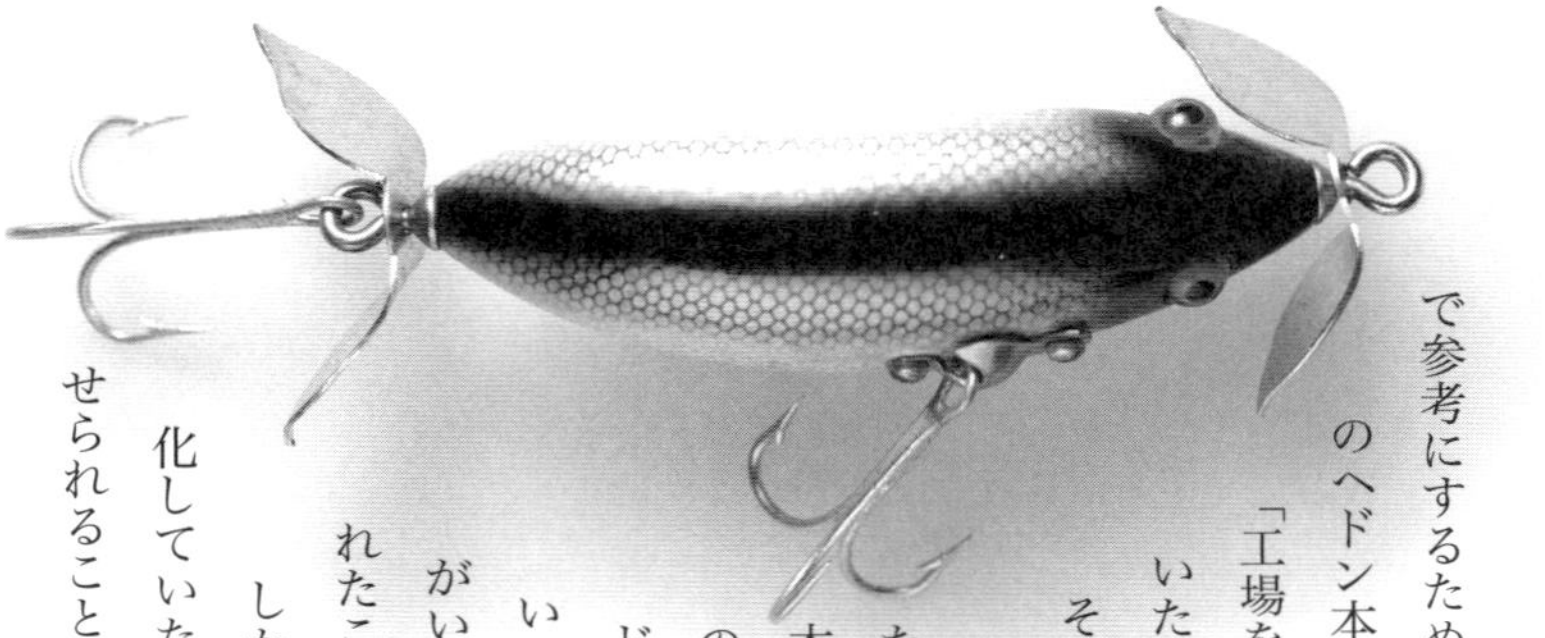

で参考にするためだったという。また彼らは、現在ではミュージアムとなっている当時のヘドン本社も訪ね、多くの情報や資料を持ち帰っていた。

「工場を見学したらね、ひとり妙に無愛想な男の人がいるんですよ。あとで聞いたら、第二次世界大戦で日本軍と戦って怪我をしたんだそうです。まだ、そんな戦争の傷跡が残っていた時代でした」と、玉越さんは振り返る。

そういった積み重ねが、やがて復刻プロジェクトへとつながっていった。ウッドプラグの復刻などは、彼ら自身が持っていた実物の塗装を剥ぎ、木地に戻して採寸し、図面を起こして、ヘドンへ送ったという。カラーの復刻も同様で、持っている実物や古いカタログ、渡米時の撮影画像などを元にオーダーしていったのである。見方を変えれば、ヘドンにそういった古い商品やカラーを復活させるための知識やノウハウを持った人々がいなくなっていたわけで、スミスの指示に従ってプロジェクトが進められたことになる。

しかし、当時のヘドンは創業家が経営していた時代とはあらゆる環境が変化していたから、彼らの想いを理解させるのは容易ではなかった。本国ですら寄せられることがなくなったような高度で専門的なリクエスト…それが極東の島国から

◎S.O.S. ウーンデッドミノーも復刻された。独特の曲線が艶めかしいウッドの名品

発せられたことにヘドンも戸惑っていたかもしれない。

結果として日本のみで販売されたモデルも多く、そういった言わば〝スミスバージョン〟のプラグたちは現在、マニア垂涎の存在だという。さらには、彼らが企画、設計したまったくのオリジナルプラグさえ誕生した。ベビーザラゴッサはその一例だ。

今や、その情熱は、本国のコレクターからも高く評価されているのである。

◎本書のカバーを飾るクレイジークローラーも、スミスのオーダーで復刻されたカラーだ

小僧の悦び　後書きにかえて

気がつけば、この遊びを知って40年。

縁あって、日本初のバスフィッシング専門誌を送り出す立場にいたのだが、今はその場を離れ、文字を連ねて細々と糊口をしのいでいる。そんな私に執筆の依頼が来たのは1年ほど前のことだった。ルアーの本を…と請われたのだが、下手の長竿を地でいく私がテクニックなど披露するのは笑止千万、タックルの知識や昨今の流行なら詳しい若手ライターがいくらでもいる。辞退するつもりで打ち合わせの場に出かけてみると、先方は百もお見通しだった。

１９８０年代のルアーに関して読みもののような企画を…。切り出されたのは、そんな内容だった。カーボンロッドの急激な進化、ラインの劇的な改良、化研フックの登場…日本の釣りが大きく姿を変えていった時代、ルアーフィッシングの世界にもさまざまな変化が起こっていた。

しかし、その少し前にこの世界を知り、パイオニア達を間近で見ていた私には、ルアーやロッド、テクニックや釣り場の開拓に試行錯誤を重ねていた、あの1970年代の混沌とした匂いがより強烈だったのである。失敗や挫折も多かったが、彼らはとても楽しそうだった。幸せに見えた。

どの時代でも試行錯誤はあり、それは今も続いている。いや、だからこそ面白いのだが、ルアーフィッシング、ことバスフィッシングにおいては、ほとんど目隠しで闇夜を手探りするようなあの頃はやはり特別だったように思う。

ひとつひとつのルアーにまとわりつく時代の匂い、顛末を文字にしたらどうだろう…そんな勝手な思いつきに、担当の小野弘さんは頷いてくれた。依頼よりもちょっと古く遡っちゃうけどね…と顔色を窺うと、面白いじゃないですか…と微笑んでくれる。そんな理解あるプロデューサーを得て、この試みは歩み出した。

今回は、かつて私の身の周りで実際に起こったこと、見聞きしたことを中心に綴ってみた。あの頃、素晴らしい先達に恵まれ、本当に刺激的で豊かな経験を重ねることができたが、それがどれだけかけがえのないものだったかを、今、あらためて噛みしめている。ありがたいことに、その何人かは今もなお一緒に湖に浮いて下さるが、バスにかける情熱はあの頃のまま。まったくもって頭が下がる。

この一冊には、数えきれないほど「試行錯誤」という四文字熟語が登場する。力士の口上を意識したわけではないのだが、あの時代のルアーフィッシングを表現するのに、この四文字を凌ぐ言葉はない。

あらためて読み返すと、当時、バスフィッシングシーンで起こっていた人間ドラマが多くを占めている。やはり情熱を抱いた〝人〟の姿は、この上なく刺激的で魅力的だ。それは、長年私が関わった雑誌が『つり人』、『Basser』と、いずれも人間を冠に戴いていたことと無縁ではないような気がする。

1960年代の終わりに、赤星鉄馬氏の釣友で釣りジャーナリストの先駆けだった永田一脩さんが予測していたように、今、ルアーフィッシングは日本の釣りシーンの太い柱となった。それだけではない。わが国のタックルは欧米で高い評価を受け、同胞が全米チャンピオンに輝くまでになった。そういった繁栄のひとこま、ひとこまの源が、あの時代にあったとすれば、小僧ながらその現場に居合わせていたことがほんの少し誇らしげに思えてくる。

なお、今回は薄れつつある記憶を頼りに綴ったのでおぼつかない部分も多々あるが、この白髪頭に免じてお許しいただければ幸いである。

制作の過程でタックルの提供やインタビューなど多くの方にお力添えをいただいた。井上博司さん、大澤和行さん、大島裕さん、黒沢幸男さん、齋藤海仁さん、鈴木隆夫さん、田辺哲男さん、玉越和夫さん、塚本哲也さん、則禮子さん、羽鳥靜夫さん、三好健太郎さん、山田周治さん、三浦陽さん、株式会社スミスにこの場を借りて御礼申し上げたい。

そして、バスフィッシングを心から愛し、深く理解していなければ撮ることのできない素晴らしい写真を提供してくださった福原毅さん。ここで披露したルアーやロッド、リールの多くは、湖や沼で私たちと共に長い時間を重ねてきたもので、気がつけばヴィンテージだのオールドだのと呼ばれるようになったが、まだまだ現役。そのかわいらしさを見事に表現してくださった。それら画像と文字を絶妙なバランスで融合してくださった神谷利男さんにも深く感謝申し上げたい。

また、つり人社書籍編集長の小野弘さん。サッカーではキラーパスという言葉を耳にするけれど、この1年、あなたの切り裂くようなパスで何度救われたことか…。そして多大な忍耐を強いたことにも、この場を借りて感謝とお詫びを申し上げたい。

最後に…ちょうど30年前、現在のような文字を連ねる生活の扉を開いて下さった鈴木康友さんに心より御礼申し上げます。

バスフィッシングの父、赤星鉄馬氏に感謝を込めて…。

バス・ラプソディーの肖像

◉フレクトライトミノー＆バルサミノー
輝きは武器。その事実を証明した逸品。
そして西山徹さんの秘密兵器

◉スーパーソニック
時代を超えた音速のビッグバスキラー

◉ラパラ
北欧から世界を制したルアー界の巨人

◉ハリソンスーパーフロッグ
キャラクターと機能を両立させた名作

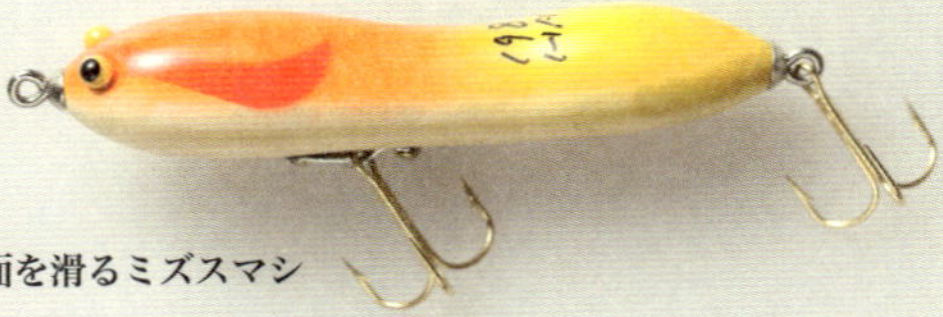

◉インナーハンドWB
日出る国の至福。湖面を滑るミズスマシ

◉ミスターブロンソン
結氷湖のバスさえ引き出した寡黙な職人

◉ビッグバス
バスシーンの黒船来襲に河口湖が湧いた

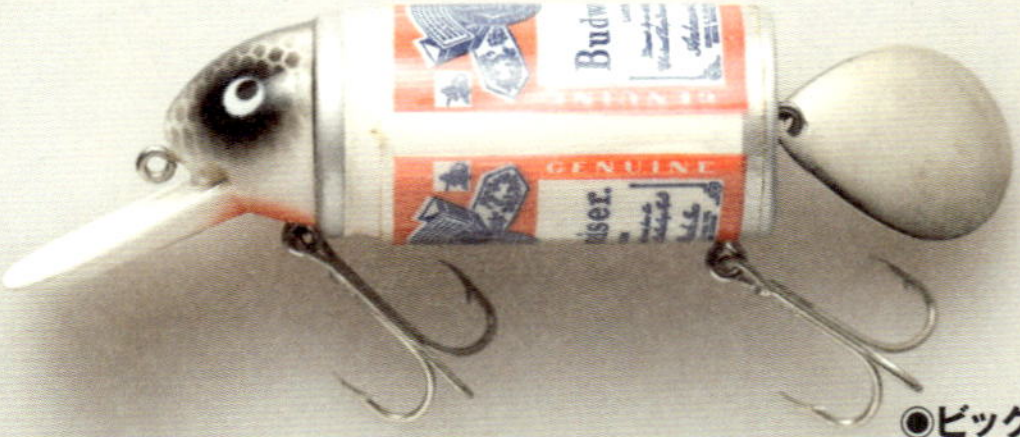

◉ビッグバド
やはりバスの故郷はアメリカだったのだ

◉スライダーワーム
ワームを魚にして泳がせるという大転換

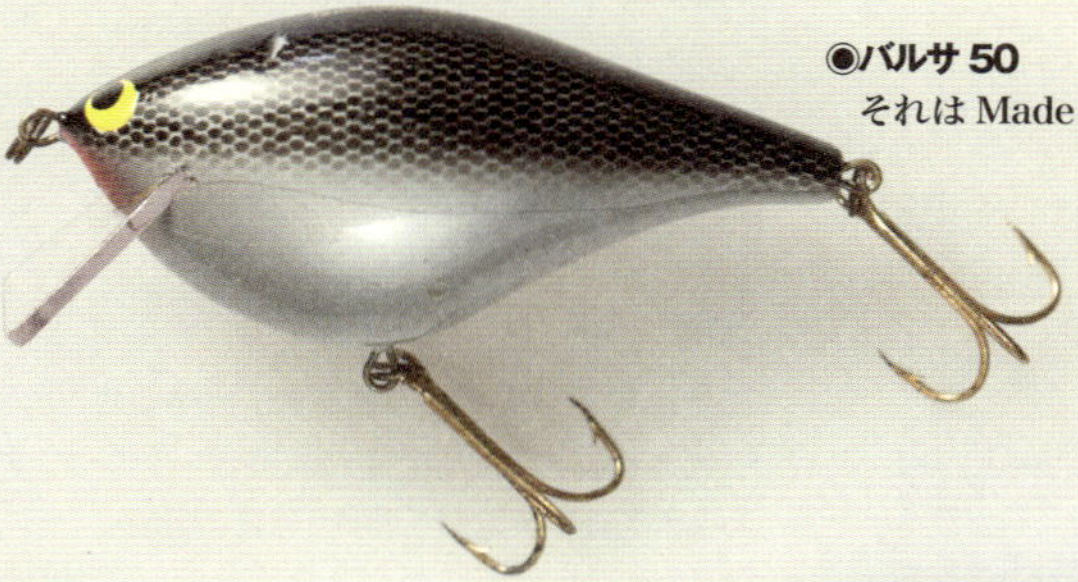

◉バルサ 50
それは Made in Nippon という誇りと情熱

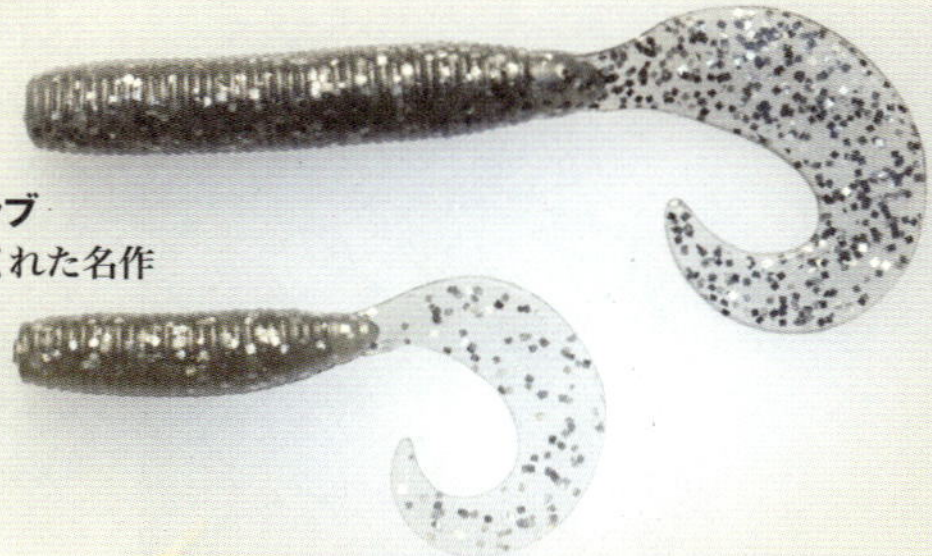

◉ゲーリーヤマモトスーパーグラブ
釣れることの楽しさを教えてくれた名作

◉フラポッパー
どんなバスでも抗し難いあのサウンド

◉ラッキー 13
永遠のスタンダード。まさにバスプラグ

著者プロフィール

三浦　修（みうら・しゅう）

1960年、宮城県仙台市生まれ。大学時代、水産庁東海区水産研究所で河口湖産ラージマウスバスに関する卒業論文を作成、雑誌で発表。
1986年、わが国初のバスフィッシング専門誌『Basser』創刊に参画し、その後編集長に就任。月刊『つり人』編集長を経て、2008年、広告制作、各種執筆を目的とした株式会社三浦事務所を設立し、現在に至る。コールマンジャパンのアドバイザーを務め、ライフスタイルに関する執筆やメディア出演も多い。ライフワークとして、魚を獲ることにこだわらない「釣りという時間の過ごし方」を提唱している。
千葉県市川市在住。

バス・ラプソディー
2013年3月1日発行

著　者　三浦　修
発行者　鈴木康友
発行所　株式会社つり人社

〒101−8408　東京都千代田区神田神保町1−30−13
TEL 03−3294−0781（営業部）
TEL 03−3294−0766（編集部）
振替 00110−7−70582
印刷・製本　図書印刷株式会社

乱丁、落丁などありましたらお取り替えいたします。

ISBN978-4-86447-030-8 C2075
つり人社ホームページ　http://www.tsuribito.co.jp
いいつり人ドットジェーピー　http://e-tsuribito.jp/